이 도서의 국립중앙도서관 출판시도서목록(CIP)은 서지정보유통지원시스템 홈페이지(http://seoji.nl.go.kr)와
국가자료공동목록시스템(http://www.nl.go.kr/kolisnet)에서 이용하실 수 있습니다.(CIP제어번호: CIP2013003596)

100일 만에 완성하는
신혼집 인테리어

신혼집 26군데에서 배운
인테리어 노하우

designhouse

contents

내 생애 첫 번째 신혼집 만들기 100일 플랜

D-100 부부가 꿈꾸는 신혼집은? 12

D-99 신혼집 위치 정하기 12

D-98 나의 라이프스타일 체크하기 13

D-97 2013년 신혼집 전망은 바로 이것! 14

D-96 매매, 전세, 월세, 당신의 선택은? 15

D-95 신혼집 어떻게 구할까? 16

D-94 집 보러 가는 날 17

D-93 신혼집 탐방 체크리스트 18

D-92 신혼집은 방향이 중요 20

D-91 생활비 절감하는 난방의 중요성 21

D-90 주변 환경 따져보기 22

D-89 신혼집 계약 시 체크리스트 23

D-88 신혼집 계약 시 준비물 24

D-87 부부 공동명의란? 24

D-86 부동산 중개수수료 확인 25

D-85 신혼집 결정·계약 26

D-84 이사 날짜 체크 26

D-83 원하는 신혼집 스타일 고민 27

D-82 원하는 스타일 스크랩 27

D-81 인테리어 서적 읽기 28

D-80 신혼집 시공 사례 알아보기 28

D-79 m²(제곱미터)와 평형 계산 29

D-78 평면도 준비 30

D-77 신혼집의 시공 목적은? 30

D-76 합리적인 예산 짜기 31

D-75 레노베이션 or 홈 드레싱 결정 31

D-74 도전해볼 만한 셀프 인테리어 31

D-73 인테리어 시공 업체 목록 작성 32

D-72 시공 업체 견적 받기 34

D-71 시공 업체 결정 34

D-70 공사에 앞서 체크해야 할 것들 35

D-69 레노베이션 스케줄 체크 36

D-68 레노베이션 과정 숙지 37

D-67 오프라인 인테리어 숍 38

D-66 현관 인테리어 45

D-65 서재 인테리어 45

D-64 거실 인테리어 46

D-63 드레스 룸 인테리어 47

D-62 침실 인테리어 48

D-61 베란다 인테리어 49

D-60 주방 인테리어 50

D-59 욕실 인테리어 51

D-58 클릭! 온라인 쇼핑몰 52

D-57 신혼집 바닥재 고르기 57

D-56 신혼집 벽지 고르기 58

D-55 신혼집 가구 고르기 59

D-54 공간을 넓게 쓰는 가구 배치 59

D-53 컬러 인테리어 공부하기 60

D-52 신혼집 조명 선택 61

D-51 조명 공부 62

D-50 인테리어 결정　63

D-49 레노베이션 신고　64

D-48 공사 내역서 숙지　64

D-47 수납 아이디어 배우기　65

D-46 풍수 인테리어 공부　66

D-45 공사 시작　67

D-44 논현동 가구거리 탐방　68

D-43 침실 가구 고르기　75

D-42 거실 가구 고르기　76

D-41 주방 가구 고르기　77

D-40 서재 가구 고르기　78

D-39 신혼집 가구 고르는 노하우　78

D-38 아웃렛 숍 탐방　79

D-37 중고 사이트 쇼핑　82

D-36 트랜스포머 가구에 주목　82

D-35 맞춤 가구 알아보기　83

D-34 신혼집 가구 결정　84

D-33 배송 일정 체크　84

D-32 인테리어 공사 중간 체크　84

D-31 신혼집에 필요한 가전 체크　85

D-30 필수 가전 vs. 선택 가전　86

D-29 혼수 가전 구입 요령　87

D-28 신혼집 가전, 어디서 구입할까?　88

D-27 요즘 뜨는 신혼 가전 목록 작성　89

D-26 가구&가전 매칭　90

D-25 소품 목록 작성　90

D-24 인테리어 공사 체크　90

D-23 패브릭 고르기　91

D-22 침구류 고르기　92

D-21 커튼 고르기　93

D-20 패브릭 구입 vs. 패브릭 맞춤　93

D-19 블라인드 고르기　94

D-18 주방용품 구입　95

D-17 포인트 조명 고르기　96

D-16 액자와 그림 고르기　97

D-15 혼수 가전 구매　97

D-14 인테리어 시공 완료　97

D-13 베이크 아웃하기　98

D-12 공기 정화 식물 구입　99

D-11 입주 청소　99

D-10 시공 업체 설명 듣기　100

D-9 하자&보수 체크　100

D-8 가구&가전 배치　100

D-7 가전제품 테스트　101

D-6 짐 정리　101

D-5 효율적인 수납　102

D-4 소품과 조명, 패브릭 세팅　104

D-3 입주　104

D-2 남은 짐 정리　105

D-1 마지막 체크　105

contents

닮고 싶고 따라 하고 싶은 신혼집 26

33.05m² 10py   108

오종원+김예진	49.58m²(15평)	라이트 하우스	110
송권일+최송희	39.66m²(12평)	레노베이션 하우스	116
이길재+오현경	46.28m²(14평)	톤온톤 하우스	120
손주암+안주원	59.50m²(18평)	유니크 하우스	124
배정기+이슬비	62.80m²(19평)	블루 하우스	128
민승덕+신경은	62.80m²(19평)	컬러풀 하우스	132

66.11m² 20py   136

고은수+김소진	92.56m²(28평)	크로스오버 하우스	138
박주영+이효리	66.11m²(20평)	콤팩트 하우스	144
김창기+전윤영	72.72m²(22평)	내추럴 그린 하우스	148
안병호+심수연	79.33m²(24평)	에스닉 하우스	152
서형민+심혜연	82.64m²(25평)	비비드 하우스	156
박수영+조은주	85.95m²(26평)	시크 하우스	160
장희엽+정주희	92.56m²(28평)	프렌치 하우스	164
김민수+신송희	95.86m²(29평)	스튜디오형 하우스	168

99.17m^2 30py   172

박지원+이희경	112.39m^2(34평)	힐링 하우스	174
백우종+박혜나	105.78m^2(32평)	파스텔 하우스	180
하도혁+박영희	109.09m^2(33평)	버라이어티 하우스	184
민재열+우해미	109.09m^2(33평)	트렌디 하우스	188
황찬익+신현진	109.09m^2(33평)	모던 팝 하우스	192
윤상진+이선호	109.09m^2(33평)	아이디얼 하우스	196
주재환+임미선	112.39m^2(34평)	미니멀 하우스	200
신동민+강은정	112.39m^2(34평)	북 카페 스타일 하우스	204
구재천+이현주	115.70m^2(35평)	내추럴&클래식 하우스	208
최영재+안하나	122.31m^2(37평)	블랙&화이트 하우스	212

132.23m^2 40py   216

윤여훈+장혜영	145.45m^2(44평)	올드&뉴 하우스	218
박성준+김나현	148.76m^2(45평)	모던&시크 하우스	222

index   226

인테리어 숍, 인테리어 정보 사이트, 시공 업체 리스트

"어떻게 살고 싶어?"라는 질문에 "행복하게 살고 싶다"고 답하는 사람들이 늘고 있습니다. 결혼하는 사람의 숫자가 줄어든다고 하지만, 주변에는 둘이 함께 하는 행복한 삶을 꿈꾸며 결혼을 준비하는 사람이 늘 있습니다. 결혼을 앞두고 획일적인 구조 속에서도 자신만의 스타일을 구현하길 원하는 이들도 늘고 있습니다. 그런 이들에게 '신혼집' 꾸미기는 하나부터 열까지 그야말로 달콤한 숙제입니다. 〈마이웨딩〉은 결혼을 결심하고 준비할 때의 설레던 마음이 보다 행복한 삶으로 이어지길 기원하며 이 책을 기획했습니다.

우리에게 '집'이라는 단어가 주는 느낌은 단순히 비와 바람을 피하는 공간, 그 이상입니다. '집'이라고 가만히 입 밖으로 소리 내어 발음해보세요. 그 순간 마음이 따스해지는 그 느낌이 바로 우리가 집에 대해 기대하는 것들이 아닐까요? 그냥 '집'이 아닌 '신혼집'은 소리 내어 발음하기도 전에 가슴 먼저 설레게 합니다. 그래요. '신혼집'은 그곳이 어디든, 평형이나 구조가 어떻든 단순히 머무는 공간이 아니라 둘만의 삶을 새롭게 써 나가는 곳입니다. 그런데 사실 서로 전혀 다른 라이프스타일을 수십 년 영위하던 두 남녀가 결혼이라는 이름으로 만나 하나의 보금자리를 꾸민다는 건 결혼만큼이나 의미 있는 일이자 결혼만큼이나 쉽지 않은 일입니다. 그래서 〈마이웨딩〉이 예비부부를 위해 《100일 만에 완성하는 신혼집 인테리어》를 기획했습니다.

결혼을 준비하는 기간은 사람에 따라 다르긴 해도 평균 잡아 최소 100일 정도 걸립니다. 그런데 누구나 처음 하는 결혼 준비는 서투르고 계획한 것보다 많은 시행착오를 겪게 마련입니다. 바로 이 시기에 신혼집도 구해서 꾸미기를 마쳐야 합니다. 이 시기 예비부부에게 시간은 그야말로 금입니다. 연습 삼아 둘러보거나 허투루 낭비할 시간이 없는 거죠.

이 책은 독자들이 좀 더 쉽게 원하는 신혼집을 찾고, 둘이 꿈꾸던 집을 꾸미는 노하우를 실제 신혼집을 찾아서 보여줍니다. 앞으로 그곳에서 생길 많은 추억거리를 기록하게 될 신혼집을 잘 꾸미려면 자신이 어떤 스타일을 좋아하는지부터 점검해보세요. 다른 집은 어떻게 꾸몄는지 한 자리에서 둘러볼 수 있게 실제 사례를 스타일별로 나누었습니다. 마음에 드는 스타일이 바로 당신의 시안이 되겠죠. 또 레노베이션부터 홈 드레싱, 가구와 가전, 소품 구입까지 신혼집 꾸미기에 꼭 필요한 시간을 100일로 잡고 매일매일 구체적으로 해야 할 일을 순서대로 배치한 100일 플랜은 지금까지 어느 곳에서도 얻지 못하던 속 시원한 해법이 될 것입니다. 자신이 원하는 집을 손수 꾸미고픈 열망을 가진 신혼부부용 인테리어 해법서가 바로 《100일 만에 완성하는 신혼집 인테리어》입니다.

신혼집을 꾸미려는 독자들이 이 책을 읽고 실제적인 도움을 얻었으면 좋겠습니다. 또 처음 자신들의 손으로 인테리어를 시도하는 이들이 그 과정에서 생기는 고민의 해법도 얻길 바랍니다. 달콤한 신혼의 낭만, 행복한 가정을 꿈꾸며 신혼집 인테리어를 시작하려 한다면 지금 이 책을 펼쳐주세요.

2013년 4월 〈마이웨딩〉 편집장 이덕진

100
Days

내 생애 첫 번째 신혼집 만들기 100일 플랜

결혼 준비만큼이나 설레는 것이 신혼집 인테리어다. 신혼집으로 구한 집이 마음에 흡족하지 않더라도 반짝이는 아이디어를 더하면 마음에 쏙 드는 공간으로 변신시킬 수 있다. 부부의 라이프스타일을 반영하고, 평소 꿈꿔왔던 신혼집의 로망도 담아야 하며, 정해진 예산 안에서 최고의 효과를 내는 것이 목표. 무턱대고 신혼집 인테리어를 시작하는 것보다 결혼 준비 기간과 같은 100일로 구성한 플래닝에 따라 실천하면 비용과 노력을 줄일 수 있고, 만족도는 배가 된다.

D-100 부부가 꿈꾸는 신혼집은?

먼저 메모장을 꺼내 서로 상상하는 신혼집을 그려본다. 크기가 어느 정도인지, 방은 몇 개인지, 위치는 어느 곳이 좋을지… 최대한 구체적으로 기록한다. 그런 다음 집을 구하는 데 쓸 수 있는 자산이 얼마인지, 부모님과 주변의 도움을 얼마나 받을 것인지, 대출을 받을 것인지 등을 체크한다. 이때 인테리어 비용도 꼼꼼하게 계산해 포트폴리오를 짠다. 신혼부부의 경우 대출 이자는 소득의 20% 이내로 잡는 것이 적당하다.

D-99 신혼집 위치 정하기

외벌이인 경우 남편 직장과 가까운 곳이 좋다.

맞벌이인 경우 두 사람의 직장 가운데(위치 기준이 아닌 걸리는 시간과 교통편 고려)가 좋으며, 집안일을 분담한다고 해도 신랑보다는 신부 쪽에 가까운 것이 좋다.

바로 2세 계획이 있는 경우 아이를 돌봐줄 친정이나 시댁과 가까운 곳으로 정한다. 양가 부모님 댁과의 위치를 고려(향후 아이를 맡길 것인지, 자주 찾아뵈어야 하는지 등)해 도움을 받을 수 있는 사람이 근처에 사는 것이 좋다. 이때 유류비 등 교통비도 고려할 것.

tip 역세권이면 접근성이 좋고, 향후 이사 갈 때도 유리하지만 역에서 너무 가까워도 혼잡하고 소음에 노출될 수 있으므로 라이프스타일을 고려해 위치를 결정한다. 시집살이가 부담스러운 신부라면 가급적 시댁에서 먼 곳으로 신혼집을 구하는 것도 방법.

D-98 나의 라이프스타일 체크하기

나를 제대로 알아야 후회 없이 신혼집을 꾸밀 수 있다. 라이프스타일별로 체크해보며 부부의 취향을 정리해볼 것. 그런 다음 부부에게 어울리는 신혼집 조건을 몇 가지로 추려본다.

· 예상하는 거주 기간은?

· 매매, 전세, 반전세, 월세 등
  선호하는 거주 형태는?

· 아파트, 빌라, 오피스텔, 주택 등
  선호하는 집의 사양은?

· 생각하는 집의 크기는?

· 고층 또는 저층을 선호하는지?

· 각 방의 개수와 용도, 크기는?

· 화장실 개수와 욕조가 필요한지?

· 드레스 룸이 있어야 하는지?

· 발코니가 있어야 하는지?

· 미리 생각해둔 가구나 가전이 있는지?

· 휴식 · 생활 · 오락 · 업무 중에서
  가장 중요하게 생각하는 것은?

· 손님이 묵는 경우가 많은지?

· 집에서 일하는 공간이 필요한지?

· 집에서 즐기는 취미 생활은?

· 집에서 보내는 시간이 많은지?

· 음악이나 영화 감상, TV 시청 시간이
  많은지?

· 청소는 자주 할 수 있는지?

· 아이는 언제 가질 것인지?

· 기타

D-97 2013년 신혼집 전망은 바로 이것!

주택시장 침체와 전셋값 고공행진이 장기화되면서 집 구하기는 더욱 어려워지고 있다. 전국 아파트 평균 전세 가격이 매매가의 65%가 넘는 것으로 조사되면서 전문가들은 당분간 전셋값 오름세가 지속될 가능성이 높다며 매매와 전세 가격 차이가 현저하게 줄어든 소형 아파트들은 앞으로 거래가 꾸준히 늘어날 것으로 전망했다. 서울에서는 소형 아파트가 많은 관악, 중랑, 성북구 일대가 매매 가격과 전셋값 격차가 적은 지역으로 꼽히고, 서울보다 집값 하락폭이 컸던 평촌, 분당 등 수도권 신도시는 매매와 전세 가격 차가 더 큰 폭으로 줄었기 때문에 노려볼 만하다.

전용 면적 40m² 미만 원룸이 아닌 40~60m² 면적의 오피스텔도 주목할 것. 최근 공급되는 오피스텔은 보안이나 평면, 커뮤니티 시설 등이 아파트 못지않게 고급화되었고, 실내에도 냉장고, 세탁기 등 풀 퍼니시드 시스템이 적용돼 자금 여유가 없는 신혼부부들이 거주하기 좋다.

신혼부부들만이 누릴 수 있는 특혜나 다름 없던 전세 자금 대출은 맞벌이 부부들이 이용하기에는 거의 불가능해졌다. 주택 구입 자금이나 전세 자금 대출 시 금리 우대 등의 혜택이 있었는데, 정부가 전세 자금 대출의 연간 소득 요건을 기존 신혼 부부 세대주 신혼부부 3500만원에서 부부 합산 4500만원으로 바꿔 문턱이 훨씬 높아졌다.

D-96 매매, 전세, 월세, 당신의 선택은?

매매 부동산 시장의 움직임에 따라 이익이나 손실이 발생하고, 거주 스트레스가 적지만 이사하기 어렵다. 인테리어를 마음껏 할 수 있지만 세금 부담이 크다.

전세 신혼부부가 가장 많이 선호하는 타입으로 세금에서 자유롭고 추가 지출이 없다는 것, 신규 분양 무주택 기간이 늘어난다는 것이 장점. 2년에 한 번씩 재계약을 해야 하는 것이 단점이다. 다소 저렴한 전세 자금 대출을 이용하는 것도 방법. 전세 금액은 1년에 5% 이하로만 올릴 수 있다는 것을 기억할 것. 임대인에 의한 계약 해지는 계약 만료 1개월 전까지 통보해야 하며, 그렇지 않으면 자동으로 계약 기간이 2년 연장된다.

월세 가장 적은 금액으로 집을 구할 수 있지만 매달 돈을 지불해야 하는 단점이 있다. 세금에서 자유롭고, 신규 분양 무주택 기간이 늘어나고, 여유 자금을 투자할 수 있다. 단기간 살기에 좋지만, 장기로 이어질 경우 매달 부담해야 하는 월세 금액이 만만치 않다. 요즘은 전세와 월세 개념을 섞어 보증금을 높이고 세를 낮추는 반전세, 반월세도 인기다.

D-95 신혼집 어떻게 구할까?

부동산 공인중개소　인터넷 직거래보다 상대적으로 안전하고, 다양한 매물을 살펴볼 수 있다는 것이 장점. 문제 발생 시 컴플레인 또는 중재를 부탁할 수 있지만 만만치 않은 가격의 복비가 부담되고, 좋은 집 추천보다는 빠른 매물 처리를 우선으로 하는 경우가 많아 중개인의 역량에 따라 좌지우지된다는 단점이 있다.

인터넷 직거래　복비를 아낄 수 있고 사진·세부 정보 등을 미리 볼 수 있으며, 매물이 많다는 장점이 있지만 범죄에 노출될 위험이 있고 품이 많이 들며 허위 매물이 많다는 단점이 있다. 요즘은 공인중개소보다 수수료가 저렴한 인터넷 부동산 거래도 활성화되고 있는 추세다.

D-94 집 보러 가는 날

대충 눈짐작으로만 마음에 드는 신혼집을 찾는 일은 어렵다. 준비물을 제대로 갖추고 남이 아닌 내가 살 집이다 생각하고 꼼꼼하게 둘러봐야 흙 속에 진주와 같은 신혼집을 찾을 수 있다.

메모장과 필기구 아무리 작은 것도 꼼꼼하게 메모해야 다른 곳과 비교할 때 도움이 된다.

편한 복장과 신발 집 안 구석구석 꼼꼼하게 살피려면 편한 복장과 신발은 필수.

줄자 생각하고 있는 가구 배치나 동선을 따지기 위해 공간 치수를 필히 확인할 것.

나침반과 구슬 집의 남향 여부가 궁금하고, 집이 기울어졌다고 의심될 때 필요하다. 베란다, 욕실, 화장실 등의 공간에서 물이 흐르는 방향을 알기 위해서는 구슬을 떨어뜨려보면 쉽게 알 수 있다. 아파트의 경우 지도나 내비게이션을 참고해도 남향인지 쉽게 알 수 있다.

맑은 날짜와 시간 외관, 외벽, 일조권, 통풍 등은 맑은 날 낮 시간에 파악하는 것이 정확하다.

카메라 공간 곳곳을 카메라에 담아두면 가구와 가전 배치나 놓친 부분을 확인할 때 유용하다.

스마트폰 나침반, 자 등 다양한 기능이 내재된 애플리케이션을 이용하는 것도 방법.

D-93 신혼집 탐방 체크리스트

햇빛은 잘 들어오나요? 기왕이면 채광이 잘되는 남향이 좋다. 나침반이나 스마트폰 애플리케이션을 이용해 채광을 확인한다. 낮에 집을 볼 때 형광등이나 조명은 끄고 채광을 확인한다.

곰팡이가 슬지는 않나요? 곰팡이는 주로 방 천장, 벽면, 베란다 벽체에 숨어 있으므로 이곳을 철저하게 체크한다. 집은 기본적으로 환기만 잘해줘도 곰팡이가 스는 것을 막을 수 있다. 겨울철 환기를 잘하지 않고 실내 온도를 높이면 온도 차이에 의한 결로 현상으로 곰팡이가 생길 수 있으므로 주의할 것.

누수가 되지는 않나요? 누수는 우리 집 천장에 물이 새면 위층에서 수리해줘야 하고, 아랫집에서 물이 새면 우리 집에서 수리해주는 것이 보통이다. 보통 민법에서는 누수와 같은 부분을 중대 하자라고 하는데, 중대 하자 보수 부분은 민법상 6개월을 두지만, 특약으로 대개 잔금 지급 후 3개월 정도로 정해두는 경우도 많다. 잔금 지급 전후 리모델링 공사로 인한 누수 문제는 매도인이 책임이 없기 때문에 주의할 것.

수압이 좋은가요? 배수는 잘되나요? 오래된 아파트의 꼭대기 층이나 높은 층은 수압이 약한 경우가 있다. 수도관이나 배관시설에 녹슨 곳은 없는지, 하수구 냄새가 역류하지는 않는지, 배수가 잘되는지도 체크한다.

난방은 어떤 방식인가요? 난방 방식에 따라 생활비가 달라진다. 중앙난방인지, 개별난방인지, 지역난방인지 체크할 것.(*'D-91 생활비 절감하는 난방의 중요성' 참고)

각종 스위치는 제대로 작동하나요? 전등 스위치 작동 여부와 전등 점등 유무를 확인한다.

각 수도꼭지에서 물은 잘 나오나요? 욕조를 욕조 마개로 잠시 막아두고 물을 어느 정도 받은 후 마개를 뺐을 때 배수는 잘되는지 확인한다.

화장실에 물은 잘 내려가나요? 화장실 변기 수조 뚜껑을 열고 내부 부속 중 파손된 것은 없는지, 물이 잘 내려가는지, 세면대와 변기에 금이 가지 않았는지도 확인한다.

베란다 문은 문제 없나요? 베란다 문을 밀고 닫아보면서 틀어진 곳이 없는지, 문이 잘 여닫히는지 확인한다.

각 방문은 잘 여닫히나요? 각 방문을 여닫아보면서 틀어지거나 닫히지 않거나 문틀에 걸리는 부분이 없는지 확인한다.

몰딩 부분은 깨끗한가요? 문틀, 천장, 몰딩 등이 파손되거나 없는 부분은 없는지 확인한다.

이상한 소리가 나지는 않나요? 거실이나 방을 다니다가 뭔가 이상한 소리가 나는 곳은 없는지 확인한다. 간혹 시멘트 불량으로 바닥이 들떠 소리가 나는 경우가 있다.

욕실 타일은 안전한가요? 욕실 타일 중 깨지거나 들뜬 곳은 없는지, 욕실 변기 바닥 부분에 핸디코트가 깨진 곳은 없는지 확인한다.

보안은 확실한가요? 난간이나 큰 나무, 인접한 옆 건물이 있어 침입하기 좋은 구조인지, 도어록을 추가로 설치할 수 있는지, 경비실이나 기타 보안장치는 어떠한지, 인근에 경찰서나 파출소, 방범초소가 있는지, 인근에 CCTV가 설치돼 있는지 확인한다.

콘센트 방수 덮개는 있나요? 욕실에 콘센트 방수 덮개가 설치됐는지 확인한다.

평균 관리비는 얼마인가요? 평균 관리비를 꼭 물어보고 계산한다. 월세의 경우 관리비가 포함되는 것인지 확인할 것.

주차 공간은 확보돼 있나요? 일반적으로 지하 주차장>일반 주차장>거주자 우선주차 순으로 선호하는 편. 현재 차가 없더라도 나중을 위해 주차 공간이 확보돼 있는지 확인한다.

D-92 신혼집은 방향이 중요

집의 방향은 채광을 좌우하기 때문에 중요하다. 남향과 조망권 중 하나를 택하라면 남향을 택하는 것이 현명하다. 우리나라 집은 거의 남향을 끼고 짓기 때문에 남향, 남동향, 남서향이 많지만 타워형 아파트인 경우 라인마다 방향이 달라 집의 방향을 체크해야 한다. 나침반으로 정확한 범위를 잡아보거나 스마트폰 나침반 애플리케이션을 활용하는 것도 방법. 앞 아파트 때문에 가려지는 부분이 있다면 햇빛이 빨리 사라질 수도 있으니 2~6시 사이에 채광을 체크한다. 정남에서 살짝 서쪽으로 자리 잡은 곳은 볕이 길지만 너무 기울 경우 여름에 지나치게 덥다는 단점이 있다는 것도 알아둘 것. 낮 시간 집을 비우는 맞벌이 신혼부부의 경우 햇볕을 받으면서 하루를 시작하는 동향도 괜찮다.

D-91 생활비 절감하는 난방의 중요성

난방 방식에 따라 생활비가 달라진다는 점을 기억하자. 아무리 집을 싸게 구했다 해도 난방비가 비싸면 매달 월세 내는 만큼의 비용을 지출할 수도 있다. 신혼집을 선택하기 전 난방 방식의 종류와 장단점을 파악할 것.

아파트

개별난방
소형 보일러를 설치해 난방과 온수를 공급하는데 사용한 만큼만 내기 때문에 얼마나 절약하느냐에 따라 비용이 절감된다. 열효율이 떨어지고 보일러 공간이 필요하다는 것이 단점. 보일러 소음과 관리가 필요하다는 것은 마이너스 요인.

중앙난방
난방과 온수를 중앙기계실에서 공급한다. 24시간 온수를 공급해 별도의 관리가 필요 없다. 난방 조절이 불가능하고 유지 관리비가 많이 든다.

지역난방
지역별 대형 시설에서 각 가정으로 고온수를 공급하는 시스템. 24시간 온수가 공급되고 사용한 만큼만 내기 때문에 중앙난방보다 저렴하다. 단, 잘못 사용하면 중앙난방보다 관리비가 많이 나올 확률이 높고 온도 조절기 고장이 잦은 것이 단점.

일반 난방

가스보일러 난방
보일러가 작고 설치가 용이하며, 유지비가 저렴하고 연료를 채울 필요가 없다. 소음과 연기가 적고 화력 조절이 쉽다는 것도 장점. 단, 도시가스가 들어오는 곳에서만 사용할 수 있고, 기름보일러에 비해 잔고장이 많다는 것, 지속적으로 난방을 돌리면 유지비가 많이 든다는 점이 단점.

기름보일러 난방
시공 비용이 싸고 간편하며 제품이 안정화돼 있다. 그러나 연료 가격이 비싸고 연료를 채워야 하는 불편함이 있으며 대기를 오염시키는 단점이 있다.

D-90 주변 환경 따져보기

신혼집을 구할 때 주변 환경과 주변 교통 상황을 체크하는 것은 기본. 편의시설이 충분한지, 유해시설은 없는지, 대중교통이 편리한지 확인한다. 병원, 약국, 마트나 재래시장, 은행, 상가, 교육시설, 공원, 약수터, 헬스장 등 기타 체육시설, 도서관, 문화센터, 관공서, 경찰서, 편의점, 세탁소 등의 편의시설이 가까이 있다면 최적의 장소. 유흥가나 쓰레기장, 소각장, 공항, 우범지역, 고속도로 등의 유해시설이 근처에 있다면 선택을 피한다. 집이 도로나 철길, 비행기 다니는 길과 인접해 있다면 소음뿐만 아니라 먼지 유입, 환기에 문제가 있으므로 체크할 것. 출퇴근 시간대 어느 정도 혼잡한지, 어떤 교통수단이 있는지, 높은 언덕이 가로막고 있는지 등 교통 상황을 체크한 후 신혼집을 선택해야 후회가 없다.

D-89 신혼집 계약 시 체크리스트

전셋집이라면? 소유자가 명시돼 있는 등기부등본을 꼭 확인한다. 대법원 홈페이지 (www.iros.go.kr)에서 확인 가능. 소유자와 근저당, 설정 등을 체크하는데, 그 집 가격에 대략 50% 근저당이 잡혀 있으면 문제가 있고, 30% 정도면 크게 문제되지 않는다.

매매라면? 건축물관리 대장, 토지대장, 토지이용계획확인원 등을 확인한다.

집주인 명의 확인 본인 명의인지 주민등록증으로 신분 확인을 확실히 한다. 웬만하면 집을 계약할 때 본인 당사자가 나와서 계약하는 것이 좋다. 대리인이 나올 경우 집주인의 인감이 있는 위임장과 인감증명서를 받아둘 것. 집주인과 통화해 대리인이 확실한지 확인한다.

계약서에 정확히 명시 계약금, 잔금 지급 일정, 임대차 기간을 확실히 기재하고 집에 문제가 있는지, 수리할 사항이 있는지도 계약서에 확실하게 쓴다.

확정일자 계약이 완료되면 확정일자를 받을 것. 전입신고와 입주를 같이해도 된다. 전입신고한 후에 입주하지 하더라도 임대차 계약서를 가지고 주민센터에 가서 확정일자를 받는다. 전셋집이 나중에 잘못되더라도 보증금을 지킬 수 있는 중요한 단서가 된다.

D-88 신혼집 계약 시 준비물

· 계약금(계약서, 중개대상물확인설명서는 임차인이나 공인중개사가 준비)
· 도장(임대차는 서명이나 일반 도장도 괜찮지만 매매 시 인감도장 필수)
· 신분증
· 주민등록등본 1통
· 계약자 인적사항(이름, 주민번호, 전화번호, 집 주소)
· 특약사항(주인에게 요구하고 합의한 사항들은 분쟁 방지를 위해 꼼꼼하게 확인. 보일러, 도배, 장판, 수도 등에 관련된 특약사항은 말로 약속하지 말고 서면으로 기록한다.)

D-87 부부 공동명의란?

주택의 권리를 공동으로 소유하고, 재산권을 부부가 공동으로 행사할 수 있으며 경우에 띠리 절세 효과가 있다. 매매 시 양도세 혜택을 볼 수 있고, 배우자 몰래 보증을 서거나 대출하는 일을 막을 수 있으며, 증여세·취득세 등의 부담을 줄일 수 있다. 하지만 전세나 월세의 경우 번거롭고 이득이 거의 없으며, 공동명의로 인한 전세보다 세금, 지출 부분이 더 커질 수 있으므로 꼼꼼하게 따져본다.

D-86 부동산 중개수수료 확인

흔히 '복비' 라고 하는 중개수수료는 공인중개사를 통해 매매나 임대차 계약을 맺을 경우 수수료로 지불하는 비용이다. 복비는 거래 당사자가 반씩 부담하는 것이 아니라, 쌍방이 모두 부담하는 것. 지역에 따라 금액이 조금씩 다를 수 있고, 정해진 요율 이상을 요구할 경우 영수증을 첨부해 중개업자가 등록돼 있는 시·군·구 지적과에 신고하면 더 낸 금액을 돌려받을 수 있다.

서울시 부동산 중개수수료 요율표 (2012년 기준)

거래 내용	거래 내용	상한 요율	한도액
임대차 등	5000만원 미만	0.005%	20만원
(매매, 교환	5000만원 이상~1억원 미만	0.004%	30만원
이외의 거래)	1억원 이상~3억원 미만	0.003%	없음
	3억원 이상	거래 금액의 0.008% 이내에서 합의	
매매 교환	5000만원 미만	0.006%	25만원
	5000만원 이상~2억원 미만	0.005%	80만원
	2억원 이상~6억원 미만	0.004%	없음
	6억원 이상	거래 금액의 0.009% 이내에서 합의	

월세의 경우 월세 보증금액+(월세×100)×요율(%)
계산된 금액이 5000만원 미만일 경우 보증금+(월세×70)×요율(%)

D-85 신혼집 결정·계약

부부가 가진 예산과 끌어 모을 수 있는 자금을 생각하고, 라이프스타일을 체크한 뒤 두세 군데 지역의 부동산에서 추천해주거나 인터넷에서 찾은 집을 꼼꼼하게 살펴본 후 가장 적합한 곳을 신혼집으로 결정·계약한다.

D-84 이사 날짜 체크

신혼집을 계약하면 입주 일정을 받고, 정확한 이사 날짜를 결정한다. 이사 전문 업체와 일정을 정하고 이사할 곳에 차량이 어디까지 들어갈 수 있는지, 엘리베이터 사다리차를 이용할 수 있는지 미리 확인하는 것이 필요하다. 포장이사 업체는 가격보다는 분실이나 기물 파손 등 피해를 입었을 때 보상과 대처를 잘해주는 곳으로 선택하는 것이 현명하다. 허가받지 않은 일반 영세 업체보다는 보험에 가입돼 있는 포장이사 전문 업체 2~3곳에서 무료 견적을 받은 뒤 선택할 것. 인터넷·전화 설치는 이사 전에 미리 신청해야 불편함이 덜하다.

tip '손' 없는 날이란?

'손'이란 예로부터 날수에 따라 동서남북 4방위로 다니면서 사람에게 해를 입힌다고 알려진 귀신(손님)을 말한다. '손'은 음력 9, 10, 19, 20, 29, 30일이 되면 하늘로 올라간다고 믿어 이때 결혼이나 이사같이 큰 행사를 치르는 것이 관습처럼 내려오고 있다. 지금도 손 없는 날에는 포장이사 비용이 두 배를 넘기고 예약조차 힘들 정도. 이런 관습에 크게 영향을 받지 않는다면, 포장이사할 때 손 없는 날을 피하고 주중 할인 등의 혜택을 찾으면 비용을 절감할 수 있다.

D-83 원하는 신혼집 스타일 고민

신혼집을 선택했다면, 어떻게 인테리어할지가 관건. 원하는 스타일을 정확하게 알아야 부부에게 꼭 맞춘 것 같은 신혼집을 완성할 수 있다.

D-82 원하는 스타일 스크랩

말로 자신이 원하는 공간을 설명하는 것보다 꼼꼼하게 자료를 수집해 보여주는 것이 효과적인 방법이다. 전체적인 스타일을 비롯해 공간별 디테일이나 컬러 등도 세심하게 고르는 것이 좋다. 스크랩해둔 자료는 시공 업체에 설명하거나 공사를 진행할 때 중요한 단서가 된다. 따라 하고 싶은 자료를 한데 모아 시안 북을 만드는 것도 좋은 방법이다.

tip '핫'한 인테리어 정보를 얻을 수 있는 인터넷 사이트

레몬테라스 200만이 넘는 회원수를 자랑하는 네이버 대표 카페로 주인장인 레테의 인테리어 스타일부터, 회원들이 올린 셀프 인테리어 자랑, 마이홈 자랑, 홈패션 자랑, 닮고 싶은 집 코너에서 다양한 인테리어 스킬을 배울 수 있다. **web** http://cafe.naver.com/lemonterrace.cafe

디자이너스 길드 해외 유명 패브릭 브랜드 '디자이너스 길드'의 사이트로 패브릭과 벽지, 가구 등의 트렌드 정보 외 스타일리시한 공간을 만날 수 있다. **web** www.designersguild.com

홈&가든즈 영국을 대표하는 인테리어 잡지 〈홈&가든즈〉의 웹사이트로 리빙 룸, 베드룸, 키친 등 공간별 인테리어 팁을 배울 수 있다. **web** www.housetohome.co.uk

D-81 인테리어 서적 읽기

의욕은 넘치지만, 막상 어떻게 꾸며야 할지 감이 안 온다면, 작은 집에 관한 인테리어 서적을 보는 것도 도움이 된다. 디자이너와 스타일리스트가 고친 집 사례를 보며 노하우를 얻을 수 있을뿐더러 리빙 숍과 데코 아이디어 등 알찬 정보도 수집할 수 있다.

D-80 신혼집 시공 사례 알아보기

책과 인터넷을 통해 인테리어 정보를 얻었다면, 실제 신혼집 시공 사례를 살펴보는 것도 도움이 된다. 시공을 앞두고 집에 대한 구체적인 그림이 떠오르지 않고, 자신의 취향을 정확하게 모르겠다면 다른 이들이 사는 공간을 살짝 들여다보는 것도 효과적인 방법이다. 인테리어 서적과 인테리어 인터넷 사이트에서 자신의 신혼집과 비슷한 여러 사례들을 찾고 아이디어를 수집한다.

D-79 m²(제곱미터)와 평형 계산

기존에 평수로 표현하던 집 면적을 m²(제곱미터)로 계산하면서 좀 더 정확한 면적을 알 수 있다. 2010년부터 '평'이나 '평형'이라는 단어를 쓰지 않고 m²로 표시하는 것으로 법이 개정됐다. m²를 평형으로 변경할 때는 0.3025를 곱하고, 평형을 m²로 변경할 경우에는 3.3057을 곱하면 된다. 각종 아파트의 면적도 정확히 알아야 실평수를 아는 데 도움이 된다.

$$1m^2 \fallingdotseq 0.3025평 \qquad 1평 \fallingdotseq 3.3057m^2$$

각종 아파트 면적 알아두기

공급 면적 전용 면적+주거 공용 면적	**서비스 면적** 발코니 면적
계약 면적 공급 면적+기타 공용 면적	**주거 공용 면적** 아파트 계단, 복도 등의 면적을 합한 것
전용 면적 방, 거실, 주방 등의 면적을 합한 것	**기타 공용 면적** 관리사무소, 노인정 등의 면적을 합한 것

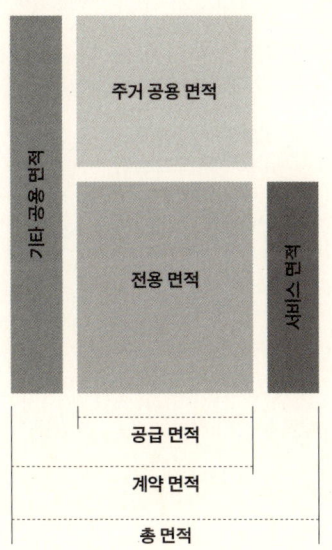

주거 공용 면적

기타 공용 면적

전용 면적

서비스 면적

공급 면적
계약 면적
총 면적

tip 평형 계산 애플리케이션

평형 계산기 - 제곱미터에서 '평'으로 계산할 수 있는 프로그램으로 다른 기능을 넣지 않아 실행 결과가 빠르다.
구매 안드로이드 마켓 **가격** 무료

평수 계산기 - 제곱미터를 '평'단위로 자동 계산해주며, 아파트 면적에 대한 간략한 정보가 제공된다.
구매 안드로이드 마켓 **가격** 무료

집사람 평형 계산기 - 각종 아파트 면적을 자세히 설명해주고 제곱미터를 '평형'으로 계산해준다.
구매 안드로이드 마켓 **가격** 무료

D-78 평면도 준비

신혼집의 평면도를 출력해 자주 들여다보는 것만으로도 이 공간을 어떻게 꾸밀지 좋은 아이디어를 얻을 수 있다. 본격적인 인테리어를 시작하기 전 신혼집의 크기와 구조를 정확하게 파악할 수 있는 평면도를 준비한다. 콘센트와 전등의 위치, 가구 배치 등 세부적인 사항까지 표시하자. 그다음 여기에 인테리어 밑그림을 그린다고 생각하고 시안 북을 참고해 각 공간의 구성과 색상, 자재 등을 계획해본다. 평면도를 여러 장 출력해 가구 배치, 동선, 스타일 등을 적고 스케치하면서 구체적인 인테리어 계획을 세운다.

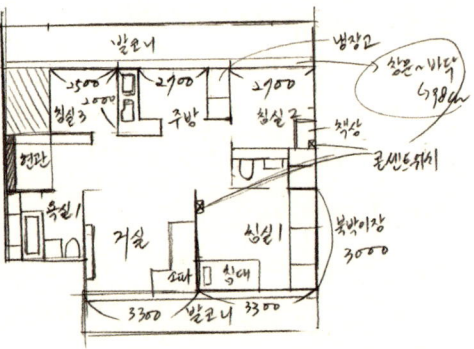

D-77 신혼집의 시공 목적은?

시공 목적이 분명해야 예산을 짜고 규모를 정하는 데 도움이 된다. 단순히 스타일 변화를 주기 위해서인지, 집 안 설비가 노후돼 보수·보강하기 위해서인지, 수납공간이 턱없이 부족해서인지, 라이프스타일에 맞춰 구조를 변경하기 위해서인지 등 공사 목적을 분명히 한 후, 예산에 맞춰 시공 범위를 정한다.

D-76 합리적인 예산 짜기

레노베이션을 어떻게 하느냐에 따라 예산은 천차만별이다. 우선 예산을 정한 후 집의 크기와 개조 범위, 사용하는 재료를 선택한다. 공사를 진행하다 보면 추가 비용이 발생하는 경우가 생기므로 10% 정도의 예비비를 준비해둘 것.

D-75 레노베이션 or 홈 드레싱 결정

시공 목적과 예산에 따라 레노베이션을 할지, 홈 드레싱을 할지 결정한다. 홈 드레싱은 구조 변경 등의 대대적인 공사없이 벽지나 페인팅 등의 마감재 교체와 간단한 가벽 세우기, 맞춤 수납장 제작, 패브릭이나 가구 또는 조명 교체만으로 새로운 공간을 디자인하는 것. 기존 건축물을 개보수하여 구조를 변경하는 레노베이션도 전체를 할지, 부분을 할지 선택한다. 새로 지은 아파트에 입주한다면 시공하지 않고 홈 드레싱만으로도 집 안 분위기를 새롭게 바꿀 수 있다. 요즘은 아파트를 분양 받을 때 마이너스 옵션을 선택, 원하는 컬러와 자재로 꾸미기도 한다.

D-74 도전해볼 만한 셀프 인테리어

하고자 하는 스타일이 뚜렷하고 시간적으로 여유가 있다면 셀프 인테리어도 고려해볼 만하다. 인테리어에 큰 그림을 그릴 수 있고, 시공 과정과 비용 등을 확실히 숙지한 후 도전할 것. 부분적인 시공은 공사 팀에 도움을 받아 해결할 수 있다. 실제 셀프 인테리어 사례와 성공담을 꼼꼼하게 살핀 후 시작한다.

D-73 인테리어 시공 업체 목록 작성

어디서부터 어떻게 해야 할지 모를 때는 전문가의 손을 빌리자. 이들과 함께라면 공간 변화의 한계도, 불가능도 없다. 공간을 탄생시키는 마술사, 인테리어 시공 업체 알아보기.

인테리어 시공 업체

가라지
인테리어 스타일리스트 최지아, 박창민 실장이 함께 운영하는 홈 컨설팅 스튜디오로 감각적인 스타일이 돋보인다.
tel 02-6407-7822 **web** www.garage1.co.kr

공간을 만나는 방법
일러스트, 벽화 등 그림을 그리는 대표의 에지 있는 디자인이 돋보인다. 회화적 감성이 돋보이는 인테리어를 원한다면 추천.
web blog.naver.com/secret1519

꾸밀hy주희서
인테리어 스타일리스트 조희선의 평형대별 포트폴리오를 볼 수 있고, 우리 집 자랑, 닮고 싶은 집&인테리어 팁 등의 코너를 통해 생생한 인테리어 정보를 얻을 수 있다.
tel 02-324-3535 **web** www.ccumim.com

달앤스타일
본인의 집을 고친 게 입소문이 나며 인테리어 스타일리스트로 전향한 박지현 실장이 운영하는 곳으로 수납과 동선 등 편의를 고려한 실용적인 스타일을 선보인다.
tel 070-8703-4644 **web** www.dallstyle.com

더디자인
수납하는 법부터 효과적으로 홈 드레싱하는 법까지 손쉽게 공간을 탄생시킬 수 있는 법을 제안한다.
tel 070-4079-0455 **web** www.dsgn21.com

디자인랩
주거 공간 위주의 시공 업체로 최근에는 상업 공간 서비스도 시작했다. 작업마다 동영상을 남겨 작업 과정 요약본을 보는 재미가 쏠쏠하다.
tel 02-2252-9039 **web** blog.naver.com/pinball29

더존 인테리어
작은 평수 집 인테리어를 전문으로 하는 곳으로 전체 리모델링부터 빌트인 맞춤 가구까지 한 번에 해결한다.
tel 070-8747-1162

리빙 스페이스
꼭 필요한 완성을 만든다는 가치관에 따른 인테리어를 선보인다. 집주인의 생활 패턴과 공간 활용도를 기반으로 하는 게 특징.
tel 070-4319-6510 **web** www.livingspace.co.kr

바오미다
각각 산업디자인, 건축디자인을 전공한 두 디자이너 부부가 운영하는 곳으로 모던 시크, 팝아트 스타일을 다수 보여주고 있다.
tel 02-511-4702 **web** www.baomida.com

스타일 by 혜나
리빙 스타일리스트 박혜나가 홈 드레싱, 인테리어 스타일링을 비롯해 가구와 패브릭 제작, 파티 플라워까지 진행한다. 컬러풀하고 이국적인 디자인이 매력적이다.
web blog.naver.com/carmel82

아르떼인테리어
고객 맞춤형 스타일을 추구하고 친환경 자재를 사용해 더욱 의미가 깊다. 온라인으로 견적을 받아볼 수 있어 편하다.
tel 031-294-1114 **web** www.artedesign.kr

옐로우플라스틱 디자인
기본 시공은 물론 홈 드레싱 등 다양한 방법을 제안하는 인테리어 스타일링 업체로 심플하면서도 공간에 포인트를 주는 디자인이 많다.
tel 070-7709-3542
web www.yellowplastic.co.kr

카민디자인
아파트 인테리어 전문 업체로 감각적이면서도 때론 과감한 스타일을 선보이고 있다. 고객의 라이프스타일에 맞는 밀착 시공이 가능하다.
tel 02-545-2208 **web** www.carmine-design.com

투앤원디자인스페이스
주거 공간과 가구, 조명, 패브릭 등의 생활용품에 이르기까지 인테리어 전반을 아우르는 디자인 서비스와 상품을 제공한다.
tel 02-547-6606 **web** www.2n1space.com

한성아이디
20년 전통의 인테리어 전문 브랜드로 주거 공간, 상업 공간의 인테리어와 맞춤 가구 제작 등 인테리어 전반을 아우른다.
tel 1577-7727 **web** www.hansungid.com

tip 그 외에…

디아키즈
tel 02-511-8406 **web** www.dearchiis.co.kr

817디자인스페이스
tel 02-712-1733 **web** www.817designsapce.co.kr

하우스테라피
wtel 031-702-6788 **web** www.housetherapy.co.kr

멜랑콜리 판타스틱 스페이스 리타
tel 070-8275-1209 **web** www.spacelita.com

노르딕 브로스
tel 070-8225-0067 **web** www.nordicbrosdesign.com

로담 A.I
tel 02-3446-5732 **web** www.rodemn.com

이도환경디자인
tel 02-593-2532

하우스테라피
tel 031-702-6788 **web** www.housetherapy.co.kr

봄므
tel 02-3448-0093 **web** www.baumehome.com

인풀스페이스
web blog.naver.com/infullspace

파리앤의 인테리어 이야기
web blog.daum.net/dwgingcho

D-72 시공 업체 견적 받기

시간 여유도 없고, 인테리어의 방향이 정확하게 서지 않았다면 전문가의 도움을 받는 것이 현명하다. 전문 인테리어 시공 업체에 도움을 받으면 훨씬 빠른 시간 내에 효과적인 결과물을 얻을 수 있고, 스케줄만 잘 짠다면 비용도 절감할 수 있다. 적게는 2~3곳, 많게는 4~5곳 시공 업체의 견적을 받은 후 비교해서 결정한다. 견적을 산출할 때 실측과 디자인 제안 등에 소모되는 비용을 요구하는 시공 업체도 있으므로 참고할 것.

D-71 시공 업체 결정

어떤 시공 업체를 결정하느냐에 따라 신혼집의 표정이 달라진다. 무조건 예산에 맞춰주는 저렴한 곳보디는 이야기가 잘 통하고, 부부의 이견을 최대한 반영해주며 취향이 비슷한 시공 업체를 선정하는 것이 현명하다. 마음에 들지 않은 부분이 있을 때 서로 의사소통이 잘되고, 공사 시작부터 끝까지 꼼꼼하게 설명해줄 수 있는가도 중요하다.

D-70 공사에 앞서 체크해야 할 것들

· 공간 구조 변경이 필요한가?

· 난방을 할 것인가?

· 전기 공사는 어디까지 할 것인가?

· 전기 콘센트는 어디에 만들 것인가?

· 붙박이장을 만들 것인가?

· 천장 매립식 에어컨을 설치할 것인가?

· 바닥재는 어떤 것을 선택할 것인가?

· 어떤 타일을 시공할 것인가?

· 어떤 디자인의 벽지를 선택할 것인가?

· 페인트칠은 할 것인가?

· 몰딩은 교체할 것인가,
  필름 시공으로 대체할 것인가?

· 창문을 교체할 것인가?

· 조명을 교체할 것인가?

· 도어를 교체할 것인가?

· 수도는 어디로 뺄 것인가?

· 욕실 욕조를 없앨 것인가?

· 샤워 부스를 만들 것인가?

· 쿡탑은 전기로 할 것인가,
  가스로 할 것인가?

· 기타

D-69 레노베이션 스케줄 체크

공사 기간은 정도에 따라 차이가 있지만 66.11~99.17m²(20~30평)대 아파트의 경우 한 달 정도가 걸리고, 165.28m²(50평) 이상은 두세 달 정도로 잡는 것이 좋다. 인테리어 디자인 상담과 결정부터 철거, 배선·배관 공사, 목공사, 타일 공사, 도장 공사, 마루재 공사, 도배 등을 모두 포함한다. 공사 일정표를 짠 다음, 무리 없이 진행되고 있는지 중간에 확인할 것. 공사 일정표가 제대로 지켜지지 않으면 일정이 늘어나고, 이것은 인건비가 늘어나는 것으로 이어지기 때문에 예산이 초과하는 경우가 발생한다.

D-68 레노베이션 과정 숙지

STEP 1 예산 짜기
예산을 정한 후 집 크기와 개조 범위, 사용하는 재료를 선택한다.

STEP 2 현장 실측
현장을 실측한 후 공사를 진행한다. 공사 후 집 안에 들일 살림살이와 가구, 냉장고나 TV 같은 대형 가전, 붙박이 가구 위치 등을 고려한 후 공사 계획을 짠다.

STEP 3 내력벽 여부 확인
구조 변경 시 내력벽(기둥과 함께 건물의 무게를 지탱하도록 설계된 벽)은 철거를 금하지만 공간을 나누는 역할을 하는 비내력벽은 벽돌이나 목재, 석고보드로 되어 있어 철거가 가능하다. 아파트 비내력벽을 철거하고자 할 때는 건축가와 전문가의 진단이 필요하고, 해당 동 입주자 2/3 이상의 동의서를 받은 후 해당 관청에서 허가를 얻을 것.

STEP 4 신고
아파트를 레노베이션할 때 관리사무소에, 주택은 동 사무에서 신고한다. 아파트는 주민들에게 양해를 구하고, 엘리베이터 등에 고지한다.

STEP 5 철거 공사
철거 후 자재를 치우는 것까지 철거 과정에 포함되므로, 제거할 부분을 꼼꼼하게 체크해야 낭비와 번거로움을 줄일 수 있다.

STEP 6 가구 실측
신혼집에 들일 붙박이 가구나 대형 가구는 정확하게 실측한 후 공사를 시작하는 것이 바람직하다.

STEP 7 배선·배관 공사
전기 배선 공사와 가스관·수도관을 옮기는 배관 공사를 한다. 전기 콘센트 위치를 미리 고려하고, 에어컨 놓을 자리를 생각해 배선 공사를 계획한다.

STEP 8 타일 공사
바닥과 벽을 구분하고, 타일의 종류와 위치를 고려해 시공한다. 벽이나 바닥 면의 수평을 잡고, 욕실처럼 물을 사용하는 곳은 방수 처리한다.

STEP 9 목공·도장 공사
붙박이장을 비롯해 중문이나 매립식 책장, 슬라이딩 도어, 장식 몰딩, 천장처럼 박스, 가벽 세우는 일 등 목재를 이용한 작업을 이때 한다.

STEP 10 도배·바닥 공사
먼지가 많이 나는 철거와 목공 공사 후 깔끔하게 청소를 하고 도배와 바닥 작업을 시작한다. 어떤 바닥재를 깔 것이냐에 따라 시공 계획이 달라진다. 콘센트는 미리 빼놓아야 이음새 부분이 말끔하게 처리되고, 공사가 끝난 직후 창문을 열거나 보일러를 세게 틀면 이음새 부분이 벌어질 수 있으므로 주의한다.

STEP 11 붙박이장·주방 가구 설치
마감재 공사 후 붙박이장과 개수대, 아일랜드 식탁, 후드, 가스레인지 등이 포함되는 주방 가구를 설치한다. 지역 도시가스공사에 연락해 가스를 연결하는데, 배수와 전기, 가스 등이 잘 작동되는지 그 자리에서 확인한다.

STEP 12 조명·가구·패브릭 고르기
인테리어 마지막 단계는 조명과 가구, 패브릭을 골라 세팅하는 일. 전문가의 조언을 받아 인테리어에 어울리는 제품을 고른다.

D-67 오프라인 인테리어 숍

부푼 희망을 안고 시작하는 신혼집 꾸미기. 어디서부터 어떻게 해야 할지 모르겠다면 우선 이곳부터 방문해 본인의 취향을 파악해보자. 가구, 조명, 소품을 망라한 인테리어 숍 12곳에서 공간을 채우는 아이디어를 얻을 수 있다.

Dansk 덴스크
북유럽풍 라이프스타일 숍

신혼집 인테리어를 북유럽 스타일로 꾸미고 싶은데 어떤 조합이 어울릴지 고민일 때 그 해법이 될 만한 숍이다. 이곳은 북유럽 빈티지 가구와 덴마크 가구를 취급하는 몬타나의 제품, 고전적 도예 기법에 현대적 감각을 접목한 깃으로 사랑받고 있는 덴미그 디지이너 애나 블랙의 식기류, 덴마크의 리빙 브랜드 헤이의 패브릭 제품, 목재를 활용한 생활용품을 선보이는 일본 사이토 우드의 제품들까지 라이프스타일을 아우르는 다양한 제품을 보유하고 있다. 특히 빈티지 가구의 경우 가구 장인이 좋은 목재를 사용해 만든 제품들로 지금은 재현할 수 없는 고유의 가치가 있어 새 제품보다 비싸기도 하다. 2, 3층 매장에서 제품을 충분히 구경한 뒤에는 1층에 카페에서 휴식을 취할 수 있어 좋다.

open 오전 11시~오후 7시(월~토요일),
　　　일요일 휴무
address 서울 강남구 역삼동 656-20
tel 02-592-6058
web www.dansk.co.kr

Wellz 웰즈
세계적 디자이너의 제품

국내는 물론 세계 유명 디자인 제품을 볼 수 있는 가구 전문 숍. 이곳의 제품을 보고 있노라면 가구도 하나의 작품이라는 생각이 절로 든다. 청담동에 위치한 쇼룸은 1983㎡ 규모의 6개 층으로 이뤄졌으며 층별로 가구, 조명, 카펫, 소품 등 다양한 제품이 마련되어 있다. 세계적인 디자이너들의 최근 작품이 한자리에 모여 있기에 인테리어 트렌드도 한눈에 읽을 수 있다. 제품만 판매하는 것이 아니라 공간의 콘셉트 제안, 현장 설치 등 다양한 분야에 대해 전문가의 컨설팅도 받을 수 있다. 가격대는 높은 편이지만 가구는 오래 두고 쓴다는 점에서 소장 가치가 충분하다. 포인트 가구로 공간에 힘을 주고 싶다면 이곳을 찾아보자.

open 오전 10시~오후 7시
address 서울 강남구 청담동 31-28
tel 02-511-7911
web www.wellz.co.kr

Mobel Lab 모벨랩
스칸디나비안 빈티지 가구 컬렉션

'멋스럽고 유행을 타지 않는 스칸디나비안 빈티지 가구는 특별한 곳이나 전시장에서만 볼 수 있다'는 편견을 깬 모벨랩은 다양한 북유럽풍 빈티지 가구를 판매한다. 1950~1970년대 북유럽 스칸디나비아 지역에서 제작된 오리지널 빈티지 컬렉션을 선보이는 이곳에서는 디자이너 작품뿐만 아니라 생활 가구로써 합리적인 가격과 기능을 앞세운 빈티지 가구를 만날 수 있다. 장미목, 티크 등 나뭇결이 드러나는 자연스러운 재질을 살린 실용적인 디자인이라는 게 가장 큰 특징. 빈티지 제품은 흔히 작품성이 뛰어난 고가 가구로 인식되어 쉽게 접근하지 못했지만 이곳에서라면 품질 좋은 스칸디나비안 빈티지 가구를 비교적 합리적인 가격대로 구입할 수 있다.

open 오전 11시~오후 6시
address 서울 성북구 성북동 19번지
tel 02-3676-1000
web www.mobellab.com
blog.naver.com/mobellab

Market m 마켓엠
실용적인 원목 가구 컬렉션

심플하면서도 빈티지한 느낌을 풍기는 가구, 인테리어 소품 숍인 마켓엠. 홍대에서 오랫동안 사랑받다가 통인동 한적한 골목으로 이전한 지도 1년이 훌쩍 넘었다. 가구부터 인테리어 소품, 문구류까지 원스톱으로 쇼핑할 수 있어 이곳에서 살림을 준비한다면 신혼집을 '마켓엠스럽게' 꾸밀 수 있을 것. 특히 혼수철인 매년 2~4월에 맞춰 '스프링&웨딩' 행사도 진행하니 관심이 있다면 꼭 체크해두자. 자체 제작 제품 외에도 해외에서 수입하는 생활 소품, 일본에서 수입한 빈티지한 생활 소품과 문구류가 가득한 이곳에서는 녹색 식물과 잘 어울리는 가드닝 제품도 판매한다. 마켓엠에서 선보인 브랜드 'Wednesday71'이 바로 그것으로 마켓엠 자체 기획과 디자인으로 제작하는 아이템들이 가득하다.

open 오전 11시~오후 7시(월~금요일),
　　　　오후 12시 30분~오후7시(토·일요일)
address 서울 종로구 통인동 118-10
tel 02-733-4769
web www.market-m.co.kr

Marimekko 마리메꼬
독창적 패턴의 리빙 제품

1951년 핀란드에 살던 부부가 시작한 패브릭 사업을 시작으로 현재 라이프스타일 전반에 걸친 제품으로 사랑받는 브랜드로 여성의 이름 '마리'에 핀란드어로 '옷'을 의미하는 '메꼬'를 합성한 이름이다. 독창적이고 대담하고 그래픽적인 패턴이 특징으로 과감한 색상의 플라워 프린트인 유니꼬Unikko가 가장 대표적. 패브릭이 강세이지만 그릇, 침구류, 사무용품, 가든 용품까지 라이프스타일 전반에 걸친 제품을 다양하게 소개하고 있다. 이를 통해 자연적으로 살고 있는 스칸디나비아의 라이프스타일을 접할 수 있다. 핀란드 청정 지역에서 생산된 천연 소재만을 사용하고 염색 과정에서도 일체의 화학 약품을 배제하는 등 환경 친화적인 제품이라 더욱 좋다.

open 오전 11시~오후 10시
address 서울 강남구 신사동 535-18
tel 02-515-4757
web www.marimekko.kr

Remod 리모드
모던 레트로풍 인테리어

레트로풍의 일본 가구 브랜드 가리모쿠의 컬렉션 중 하나인 '가리모쿠60'의 공식 판매처이다. 가리모쿠60은 1960년대 생산됐던 가리모쿠 제품을 그대로 재현해 미니멀한 디자인과 톤 다운된 색상이 특징으로 어디에서나 잘 어울린다. 1, 2층과 지하 1층에 걸쳐 침대, 테이블, 소파를 망라한 다양한 제품이 전시되어 있어 직접 눈으로 확인할 수 있다. 자체 공장을 보유해 원목 가구를 주문 제작할 수 있다는 것도 이곳의 큰 장점. 가격대에 맞춰서 소재를 선택할 수 있으며 집 규모에 맞게 맞춤 제작할 수 있으니 내 마음에 꼭 드는 제품을 찾는다면 이곳에서 상의해보자.

open 오전 11시~오후 7시(월~금요일),
오전 11시~오후 6시(토·일요일)
address 서울 강남구 삼성동 115-1
tel 02-2051-9888
web www.remod.co.kr

Watts 와츠
세상의 모든 조명

공간 인테리어에서 조명이 차지하는 비중은 의외로 크다. 전체적인 무드를 결정할 뿐만 아니라 소등 상태에서도 멋진 오브제 역할을 하기 때문. 천장에 다는 것부터 벽에 거는 것, 세워두는 것과 낮게 올려두는 것 등 조명의 형태는 다양하다. 적재적소에 조명을 배치하기 위해서는 많은 제품을 보는 게 우선이다. 파리를 비롯한 유럽 각지와 미국, 일본, 홍콩 등에서 들여온 200여 개의 브랜드 제품과 자체 생산한 제품까지 1000개가 넘는 조명을 두 곳에 나눠 전시하고 있다. 자체 공장을 보유해 원하는 스타일이 있다면 맞춤 제작도 할 수 있다.

open 오전 9시~오후 8시(월~토요일),
일요일 휴무
address 서울 강남구 논현동 101-14
tel 02-517-3082
web www.wattslighting.com

5 Floor Apartment 5층아파트
빈티지 감성의 소품 천국

이토록 작은 숍에 이렇게나 많은 소품이 마련되어 있다는 게 놀랍다. 가로수길 안쪽 한적한 골목에 자리 잡고 있는 5층아파트는 잡고 빈티지한 감성이 묻어나는 인테리어 소품 숍이다. 마치 유년 시절 지냈던 낮은 5층아파트의 기억을 떠올리게끔 하는 아날로그적 감성이 가득한 곳이다. 일본과 유럽, 미국에서 수입해온 엽서, 아트 포스터, 인형, 스노볼 등 제품군이 다양하다. 제품을 들여오는 기준은 딱히 없다. 그저 봤을 때 예쁘고 마음에 드는 것이면 된다는 게 기준이라면 기준이다. 때문에 '무엇을 사기 위해서 5층아파트에 가야 해'라는 마음가짐보다 '5층아파트에 가면 이번에는 뭐가 있을까?'하는 기대를 안고 찾는 게 더 현명할 것이다.

open 오후 12시 30분~9시(월~토요일),
　　　일요일·공휴일 휴무
address 서울 강남구 신사동 516-5 1층
tel 02-515-9557
web www.5apt.net

Mori 모리
가구와 그릇의 조화

번잡하지 않은 곳에서 여유롭게 가구를 구경하고 싶다면 이곳이 좋겠다. 부암동 한적한 골목에 위지한 모리는 일본의 가리모쿠60의 가구와 함께 도자기 그릇도 판매하는 곳이다. 푸드스타일리스트로 활약 중인 대표의 취향을 고스란히 반영한 제품이라 믿을 만하다. 특히 식기류는 그간 컬렉션한 제품의 총집합체라고 할 수 있다. 이곳은 제품 숍이면서 카페이기도 하다. 한쪽에 마련된 주방에서는 모리에서 판매하는 제품을 사용해 손님들께 대접한다. 햇살 좋은 날 이곳을 방문하면 일본풍의 가구로 이뤄진 인테리어 속에서 커피 한 잔을 즐기는 행복함을 즐길 수 있을 것. 일본어로 '숲'이라는 의미를 지닌 숍 이름처럼 마치 숲에 들어선 듯 편안함을 느낄 수 있는 모리에서 숨은 보물을 찾아보자.

open 오전 11시~오후 8시(화~일요일),
　　　월요일 휴무
address 서울 종로구 부암동 208-42 2층
tel 02-396-0425
web blog.naver.com/mori-2011

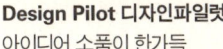

Design Pilot 디자인파일럿
아이디어 소품이 한가득

가로수길 초입에 위치한 디자인파일럿은 규모는 작지
만 신기하고 매력적인 제품이 가득해 한 번 들어가면
그 안에서 보내는 시간이 제법 길다. 국내외 신진 디자
이너와 새로운 브랜드를 소개하는 데 중점을 두고 있
어 어디에서도 쉽게 볼 수 없었던 제품들이기 때문. 방
수 소재로 만든 세계 주요 도시 지도, 페인트가 흘러
내리는 듯한 모양의 벽걸이 후크, 잔디밭을 연상시키
는 플라스틱 소재의 우산꽂이 등 아이디어가 기발한
제품들이 많다. 단순히 예쁘다거나 재미난 제품이기
보다 실용성까지 겸비한 것들이라 선물용으로도 좋을
듯. 진열된 제품 중간중간에는 세일 제품도 있으니 가
끔 들르는 것도 좋겠다.

open 오전 11시~오후 7시(월~금요일),
　　　　오후 1시~7시(토·일요일)
address 서울 강남구 신사동 529-10 임도빌딩 102호
tel 02-516-5331
web www.designpilot.net

Kaare Klint 카레클린트
슬로 메이드 원목 가구

가구란 모름지기 '짧게는 한 시절 길게는 평생을 가는
것'이라고 생각하는 세 명의 젊은 가구 디자이너가 만
든 숍이다. 슬로 스타일을 지향하며 정성들여 가구를
만드는 이들은 장식적인 군더더기를 과감히 덜어내고
나무의 단아한 멋을 살린 실용적인 원목 가구를 선보
인다. 청담동에 위치한 쇼룸은 카페도 겸하고 있어 직
접 방문해서 실제 판매되는 가구에 앉아 커피 한 잔을
즐길 수도 있다. 최근에는 홍대에도 숍을 열어 강남과
강북에서의 접근성을 높여서 카레클린트를 더 가까이
서 접할 수 있게 됐다. 제작된 가구 외에도 디자인 의
뢰도 가능. 좋은 자재로 만드는 것은 물론이고 디자
인, 실용성까지 꼼꼼히 따져볼 수 있어 좋다.

open 오전 9시~오후 9시(월~금요일),
　　　　오후 1시~8시(토·일요일)
address 서울 강남구 청담동 3-11
tel 070-7633-8110
web www.kaareklint.co.kr

Kare 까레
스타일리시한 공간의 탄생

뮌헨에서 시작해 현재 독일을 대표하는 리빙 브랜드
인 까레는 서울을 비롯해 홍콩, 도쿄 등 세계 각 지역
에서 독창적이 제품을 선보이고 있다. '세상을 좀 더
스타일리시하게 만든다'는 기업 철학을 바탕으로 가
구, 소품, 조명 등의 분야에서 매년 1500개 이상의 신
제품을 선보이는데 '가구계의 패셔니스타'라는 애칭이
있을 정도로 독보적인 스타일이 단연 눈에 띈다. 팝아
트적인 색상의 강렬한 대비, 예상을 뛰어넘는 디자인
등 단 한 가지도 평범한 것이 없다. 공간에 하나만 두
어도 포인트가 되어줄 만큼 강렬하다는 의미. 그 속에
재치까지 숨어 있어 마니아 층이 많다. 언뜻 강렬한 느
낌이 먼저 오지만 그 속에도 빈티지, 레트로, 모던 등
20여 개의 테마로 나뉘어 있으니 직접 눈으로 확인해
볼 필요가 있다.

open 오전 10시~오후 8시(월~금요일),
　　　　오전 10시~오후 7시(토·일요일)
address 서울 강남구 신사동 617 성수빌딩 1층
tel 02-545-9872
web www.kare-korea.com

D-66 현관 인테리어

'집의 얼굴'이라고 할 수 있는 현관은 어둡지 않게, 좁아 보이지 않게, 수납공간이 많게 꾸미는 것이 핵심. 벽을 철거해 안쪽으로 확장한 후 수납공간을 넓히는 방법을 사용하거나, 천장 쪽을 밝히는 간접 조명을 설치하면 공간 확장 효과를 볼 수 있다. 신발장 아래에 간접 조명을 설치해 공간에 깊이감을 주는 것도 방법. 신발만을 수납하는 공간이 아니라 골프용품, 우산, 청소기, 스케이트 등 크기가 제각각인 물건을 수납할 수 있도록 계획적으로 수납장을 짜는 것도 아이디어다. 수납 선반은 크기에 따라 높이를 조절할 수 있도록 디자인하면 훨씬 쓸모 있게 사용할 수 있다.

D-65 서재 인테리어

부부의 라이프스타일에 맞춰 서재 인테리어를 구상하고, 기능과 스타일에 맞는 책상과 책장을 선택한다. 서재는 여분의 방에 마련하는 것이 일반적이므로 공간이 작다는 것이 단점. 가구의 크기를 축소하기 위해 맞춤형 가구를 선택하는 것이 대안이 된다. 서재를 위한 방을 따로 마련할 수 없다면 베란다를 확장한 거실·침실·다이닝 룸의 자투리 공간, 다락방, 계단 밑 등 자투리 공간을 활용해 서재를 꾸밀 수 있다.

D-64 거실 인테리어

거실은 어떤 용도로 사용할 것인지, 얼마나 오래 머물것인지 생각해 공간을 구상한다. 한국인의 전형적인 거실 배치인 TV와 1·3인 소파 구조에서 벗어나 요즘은 TV가 가족실이나 침실로 옮겨가고 그 자리에 가벽을 세운 붙박이장이 오는가 하면, 소파와 마주하며 커다란 6~8인용 테이블을 둬 서재나 작업실, 식탁 등 다기능으로 활용하는 것이 대세다. 창 비중이 큰 거실은 커튼이나 블라인드, 롤 스크린 등이 꼭 필요하다. 컬러풀한 패턴보다는 무난한 솔리드 패턴의 커튼이 낫다. 요즘은 새시 디자인이나 컬러도 다양해졌으며, 통창 위에 접이문을 덧붙이거나 통창 양옆으로 여닫이식 접이문을 설치하는가 하면, 가벽을 세워 유럽식 베이윈도(벽면보다 밖으로 튀어나오게 만든 창문)를 만들거나, 카페처럼 폴딩 도어(겹쳐서 여닫게 하는 문)를 다는 것은 유행이다.

D-63 드레스 룸 인테리어

12자 크기의 장롱이 필수 혼수품이었던 시절이 있었지만 요즘은 옷을 위한 방을 따로 내는 드레스 룸이 일반적이다. 방에 여유가 없다면 붙박이장을 활용하거나 침실 일부분에 가벽을 세워 아담한 워크 인 클로짓(물품을 보관할 수 있는 수납실)을 만드는 경우도 많다. 부부의 옷과 소품이 어느 정도인지, 행어와 선반 중 어떤 것을 선호하는지 체크한 후 드레스 룸 계획을 짜야 한다. 독립된 드레스 룸을 만들 경우 중앙에 공간이 남는다. 다림질을 위한 공간으로 활용하거나, 아일랜드 형태의 수납 테이블을 제작해 액세서리를 수납하거나 화장대로 사용하면 일석이조의 효과를 거둘 수 있다. 수납장 옷걸이의 높이와 간격을 조절할 때는 좌우 최소 10~20cm가 남아야 깔끔해 보인다.

D-62 침실 인테리어

요즘 침실은 간소화되고 있다. 커다란 장롱은 드레싱 룸으로 대체됐고, 화장대는 파우더 룸으로 변하고 있는 중. 커다란 침대와 사이드 테이블 또는 선반, 조명 정도로만 아늑하고 편안하게 꾸미는 것이 대세다. 침대를 한쪽 벽면으로 붙여 공간을 최대한 활용하던 과거와는 달리 요즘은 중앙에 배치해 안락하게 꾸민다. 그래서 작은방을 침실로 사용하거나, 넓은 안방에 가벽을 세워 미니 서재나 드레싱 룸 등 두 가지 용도로 공간을 활용하기도 한다. 침실 조명은 부드럽고 은은하게 퍼져 로맨틱한 분위기를 연출하는 것과 자기 전 책 볼 때 실용적인 조명 두 가지를 세팅한다. 전자는 천장에 매립된 할로겐 조명이나 간접 조명을, 후자는 스탠드 조명을 이용하는데 누운 채로 스위치를 쉽게 켰다 끌 수 있는 것이 편리하다.

D-61 베란다 인테리어

한때 베란다를 확장해 공간을 넓게 사용하는 것이 유행이었지만 최근에는 베란다를 제 기능을 하는 곳으로 새롭게 꾸미는 것이 추세다. 거실 베란다는 확장하되, 주방에 딸린 방과 남향에 위치한 침실 베란다는 그대로 두는 경우가 늘어나고 있는 것. 미니 서재를 마련하거나, 운동을 위한 공간으로 만들고, 긴 테이블을 두어 가족실이나 다실, 실내 정원처럼 꾸미는 방법을 추천한다. 베란다를 확장할 경우 난방에 신경 써야 하는데, 바닥에 단열재와 석고보드를 깔아 열을 보존하고, 전기 온도 패널을 깔아 난방비 대신 전기료로 대체하는 것이 좋다.

D-60 주방 인테리어

주방의 동선은 크기와 형태에 따라 좌우되는데, 흔히 갤러리형과 ㄱ자형, ㄷ자형, 아일랜드형으로 나뉜다. 길고 좁은 주방이라면 한 면에 길게 배치하는 갤러리형을, 폭이 좀 넓다면 양쪽을 길게 배치하는 갤러리형을 추천한다. ㄱ자형은 정사각형이나 직사각형 주방에 알맞고, ㄷ자형은 작은 공간에서는 편리하지만 큰 공간에서는 불편하다. 아일랜드형은 중앙에 섬처럼 별도의 작업 공간을 만드는 것으로 수납공간이 늘어나 실용적이다. 99.17m²(30평) 이상 주택의 경우 빌트인 드럼세탁기와 쌀통, 김치냉장고, 식기세척기 등을 설치하는 보조 주방을 만드는 것이 추세. 김치냉장고 또한 점차 대형화되고 일반화되는 추세라 미리 자리를 비워두고 싱크대를 짜 넣는 경우가 많다.

D-59 욕실 인테리어

욕조가 필요한지, 수납공간이 얼마나 필요한지, 남편과 함께 사용하는 욕실인지 체크한 후 욕실 레이아웃을 짠다. 맞벌이 부부로 아침마다 욕실을 함께 사용한다면 세면대를 두 개 설치하고, 욕조를 사용하지 않는 부부라면 철거한 후 샤워 부스를 만드는 것이 효율적. 수납장 문이나 한쪽 벽면에 거울을 달면 욕실이 넓어 보이고, 이국적인 베네치안·클래식 스타일의 거울을 달면 욕실 분위기가 바뀐다. 수납장은 공사 전에 미리 계획을 세워 벽면에 매립하는 방법을 선택하면 훨씬 넓고 깨끗해 보인다. 개조하지 않고 바꾸고 싶다면, 타일이나 세면대, 변기만 바꿔줘도 색다른 느낌을 줄 수 있고, 샤워 커튼이나 스크린, 바닥 매트, 욕실 소품 등으로 포인트를 준다.

D-58 클릭! 온라인 쇼핑몰

미국과 유럽의 트렌디한 디자인을 만나기 위해 비행기 티켓을 끊을 필요도, 발품을 팔며 다닐 필요도 없다. 셀렉트 숍이 늘면서, 세계 각국의 독특한 생활용품을 쇼핑몰에서 편하게 구경할 수 있게 된 것. 센스 있는 신혼집 인테리어를 위한 쇼핑몰 16.

Danamoo 다나무
실용적 디자인 소파 숍 휴양지에 온 듯 안락한 분위기를 내려면 로이드룸과 웨스트코스트를 만나보자. 특히 스칸디나비아산 천연 펄프와 와이어를 엮어 만든 로이드룸은 100년 역사를 지닌 미국의 가구&패브릭 브랜드. 우아한 디자인과 독특한 수가공 제작 방식이 특징으로 일반 라탄 소재와 달리 표면이 매끄러워 스크래치가 생기지 않고 내구성이 뛰어나다. 암체어, 사이드 체어 등이 주력품.
tel 031-769-2425 **web** www.lloydloom.co.kr

Blomma 블로마
북유럽 스타일의 정수 컬러와 패턴으로 포인트를 준 북유럽 스타일의 주방·생활용품을 구입할 수 있다. 코피&고든, 멀린 웨스트베리, Formverket 등 북유럽 대표 리빙 브랜드를 통해 디자인 트렌드를 읽을 수 있다. 자작나무 트레이가 블로마의 대표 상품으로 트레이에 디저트를 내면 센스 있다는 이야기를 들을 수 있을 것.
tel 070-4139-0230 **web** www.blomma.co.kr

Nordic Design by innometsa 이노메싸

북유럽 디자인의 정수 꾸준한 인기를 끄는 북유럽 스타일을 국내에 처음 소개한 곳이라 할 수 있다. 핀란드 조명 브랜드 섹토디자인, 스웨덴 수납 가구 브랜드 스트링, 테이블 웨어 브랜드 톤피스크 등의 제품이 대표적. 실용적이고 편안함을 추구하는 북유럽 디자인의 매력을 느끼고 싶다면 이노메싸를 추천한다. 양재동에 쇼룸이 있어 직접 보고 고를 수도 있다.
tel 02-3463-7752 **web** www.nordicdesign.kr

Mama's Cottage 마마스코티지

주방 소품의 모든 것 북유럽 디자인을 비롯해 미국 빈티지 제품이나 프랑스 등 유럽에서 구입해온 신선한 제품들이 많다. 펌리빙, 로스트란드 등 테이블 웨어와 화려한 패턴의 티 타월을 눈여겨볼 것. 북유럽 아이템들을 비교적 합리적인 가격에 만날 수 있는 반면 소량 입고되는 품목들이 많으므로 서두르지 않으면 금방 품절된다.
tel 070-8281-5909 **web** www.mamascottage.com

Hpix 에이치픽스

감각적인 소품 천국 '컨템포러리 유러피언 디자인&크래프트' 전시에 영국의 디자이너 도나 윌슨의 핸드메이드 인형을 소개한 것을 시작으로 전 세계의 역량 있는 디자이너의 제품을 수입하고 있다. 스튜디오 스노우푸페의 종이로 만든 조명, 카밀라 엥달의 심플한 테이블 웨어, 타스카의 리빙 제품, 무민의 캐릭터 소품 등 상상력이 돋보이는 재기발랄한 제품이 눈길을 사로잡는다.
tel 02-3461-0172 **web** www.hpix.co.kr

Julo 쥴로

로맨틱 침실을 위한 해법 온라인 럭셔리 홈패션 브랜드 쥴로. 우아하고 고풍스러운 스타일의 침구 제품을 선보이는데, 디자인과 품질 모두 뛰어나다. 은은한 색감과 섬세한 자수가 장점으로 할리우드 W호텔 인테리어 디자이너로 알려진 바클레이 부테라Barclay Butera의 러스틱 로지 컬렉션을 비롯해 베라 컬렉션, 다프네 컬렉션 등 신혼부부를 위한 침구가 가득하다.
tel 02-3445-1501 **web** www.julo.co.kr

ByHeyDey 바이헤이데이

심플한 스타일의 가구 숍 디자인, 제작, 유통까지 담당하는 가구 브랜드로 기본에 충실한 미니멀리즘을 콘셉트로 한다. 기능에 방해되는 장식적인 요소는 배제하는 대신 물푸레나무 고유의 무늬와 밝은 색을 최대한 살린 것이 특징. 화학 물질을 일절 배제하고 천연 수성 도장, 천연 접착제 등의 친환경 재료를 사용하는 것을 원칙으로 한다.

tel 1599-7193   **web** www.byheydey.com

Rooming 루밍

유니크하고 감각적인 소품이 한가득 엔조마리의 스크린 프린트, 펌리빙의 인테리어 소품, 카림 라시드가 디자인한 암체어, 파펠리나의 러그, 알바알토의 조명 등 루밍에는 밤잠을 설치도록 갖고 싶은 아이템이 가득하기 때문에 발품 팔며 여러 곳을 찾아다닐 필요가 없다. 실제로 제품을 구경하고 싶다면, 방배동 함지박 사거리에 위치한 매장에 들러볼 것.

tel 02-6408-6700   **web** www.rooming.co.kr

Maison de Paris 메종 드 파리 서래마을

프렌치 감성의 리빙 숍 마치 파리의 한 길목에 자리한 숍을 방문한 듯, 섬세하고 로맨틱한 아이템으로 가득한 곳이다. 프랑스의 리빙 브랜드 마틸드엠, 섬세한 레이스 디자인으로 유명한 꼬꾸시끄루를 비롯해 유럽의 내추럴한 침구 제품과 앤티크한 소품을 구입할 수 있다. 의자, 테이블 등 소가구를 비롯해 조명과 거울, 촛대 등 로맨틱한 아이템이 많다. 오프라인 숍은 서래마을에 자리해 직접 보고 고를 수도 있다.

tel 02-535-2505   **web** www.parisangel.co.kr

J'aime Blanc 짐블랑

귀엽고 사랑스러운 소품 연출 인테리어 스타일리스트들이 추천하는 리빙 숍에 항상 선정되는 곳. 그만큼 보고만 있어도 흐뭇해지는 매력 만점 아이템들이 많다. 영국, 덴마크, 네덜란드의 트렌디한 디자이너 브랜드와 뉴욕의 유명 패브릭 디자이너 토머스 폴의 제품을 수입하고 있으며, 니트 쿠션과 일러스트 액자, 코튼 바스켓, 매력적인 색감의 펠트 카펫 등이 인기. 온라인 쇼핑몰에 이어 연희동에 쇼룸을 열었다.

tel 070-7803-3798   **web** www.jaimeblanc.com

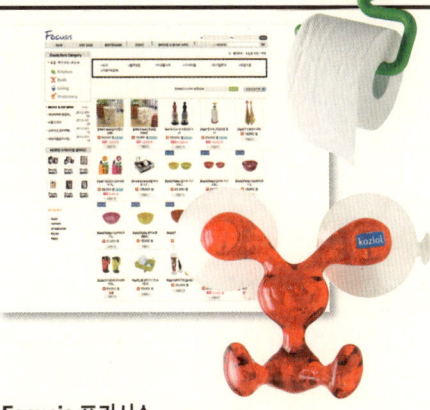

Focusis 포커시스

세계적 인기 브랜드의 천국 비비드한 컬러가 매력적인 코지올을 비롯해 토모, 리첸호프, 모멘티, 프레스코 등 세계적으로 인정받는 리빙 브랜드를 한 번에 구경할 수 있는 쇼핑몰. 심플한 디자인과 실용성을 갖춘 주방, 욕실, 생활용품과 아이디어가 반짝이는 디자인 문구류도 판매한다.

tel 02-3481-0153 **web** www.koziol.co.kr

HauOlin 하우올린

해외 리빙 브랜드 총집합 해외 수입 대행 위즈위드에서 홈 리빙 전문 브랜드로 론칭한 곳. 가구, 패브릭, 홈 데코, 주방, 욕실용품, 가전 등 미국, 프랑스, 이탈리아 제품을 원스톱으로 구매할 수 있다. 특히 레녹스, 웨지우드 등 프리미엄 테이블 웨어와 뉴질랜드 소나무로 만든 원목 가구 바네스데코가 인기이며, 힐링 아이템인 캔들 코너도 따로 마련돼 있다.

tel 1566-1150 **web** www.hauolin.com

1200M

합리적 가격이 장점 1300K에서 문을 연 리빙&인테리어 전문 쇼핑몰, 라이프스타일 숍 1200M에서는 트렌디하면서 실속 있는 제품을 구입할 수 있다. 가구, 침구와 패브릭, 조명, 주방, 수납용품뿐만 아니라 플라워, DIY용품까지 신혼집 꾸미기에 필요한 모든 것을 한눈에 살펴볼 수 있다. 최근에는 이케아의 가구와 인테리어 소품, 매스티지데코의 원목 가구, 폴란드의 핸드메이드 그릇이 인기다.

tel 1644-1207 **web** www.1200m.com

Kitty Bunny Pony 키티버니포니

스타일리시한 패브릭 쇼핑몰 패브릭 전문 브랜드 키티버니포니는 국내외 디자이너와의 협업해 'kbp 컬렉션'을 자체적으로 제작하며, 자수 기법 노하우를 보유한 JINJIN.Co와 함께 프리미엄 라인을 선보인다. 창의적이고 실용적인 디자인, 합리적인 가격 등이 장점. 화려하고 과감한 패턴과 컬러의 침구류, 쿠션, 커튼을 눈여겨보자.

tel 02-322-0290 **web** www.kittybunnypony.com

Loft 로프트

맞춤형 라이프스타일 가구 미술감독이자 인테리어 디자이너 황창록, 디스플레이 디자이너 최부미 실장을 비롯해 공간 디자이너, 시각 디자이너 등 전문가들로 구성된 퍼니처 그룹. 유행을 타지 않는 편안한 디자인, 따뜻한 감성의 가구를 모토로 맞춤 제작한다. 케이블 TV 패션N의 〈스위트룸〉 프로그램에 참여해 사용자의 라이프스타일에 맞는 가구를 제작해 화제가 되었다.

tel 070-8200-7181 **web** www.loft.or.kr

Be Blank 비 블랭크

바이어의 감각이 돋보이는 셀렉트 숍 뉴욕에서 디자인을 전공한 정소영 대표가 미국과 일본 등에서 직접 구입해오는 셀렉트 숍. 비슷한 제품을 판매하는 쇼핑몰에 비해 유니크한 제품이 많다. 이국적인 패턴의 식기류와 컵, 스타일리시한 꽃병 등을 만날 수 있다. 서교동에 오프라인 숍도 있다.

tel 02-6407-9075 **web** www.beblank.co.kr

D-57 신혼집 바닥재 고르기

바닥재의 색상과 재질에 따라 집 안 분위기가 좌우되므로 원목, 합판(온돌), 강화마루, 우드 데코 타일 등 종류별 특징과 가격을 비교해보고 고른다. 밝은 나무 느낌의 바닥재를 고르면 무난한데 지나치게 밝을 경우 가구가 떠 보여 오히려 좁아 보일수 있으니 유의하도록 한다. 바닥재와 어울리는 카펫을 깔면 아늑해 보이는 효과가있다.

강화마루 고밀도의 섬유판 위에 나무결 무늬 모양지를 입히고 하드 코팅해 온도나습도 변화에도 변형이 없고, 강도도 상당히 뛰어나다. 단, 톱밥 가루를 흡착하는 과정이 필요하기 때문에 접착제가 쓰이는 단점이 있다. 접착제의 종류에 따라 특성이 다르므로 합리적인 가격에 알맞은 등급의 제품 선택이 중요하다.

합판 얇게 켠 나무 널빤지를 여러 겹 붙인 후 그 위에 무늬목이나 원목을 붙여 마감한 것으로 무늬결이 선명하고 나무 질감이 살아 있는 천연 원목 마루로 사계절 변화가 뚜렷한 우리나라 기후에 가장 적합하다. 열에 뒤틀리지 않으며 원목과 비교해 시공은 쉬우나 흠집과 습기에 약하다.

원목 마루 천연 나무를 사용한 원목 마루는 재질이 풍기는 느낌이나 분위기가 가장고급스럽고, 쿠션감이나 촉감이 좋지만 가격이 비싸다는 것이 단점. 또 흠집과 습기에 약하고, 온돌 사용은 적합하지 않다.

데코 타일 PVC(합성수지) 원료를 사용한 단단한 장판 조각으로 다양한 바닥 인테리어가 가능하다. 대리석, 카펫, 잔디, 원목 등 여러 패턴으로 출시돼 시각적인 착시 효과까지 노릴 수 있고, 원목이나 타일에 비해 쪼개지는 면이 많지 않아 시공 후 시각적으로도 넓어 보이는 효과를 기대할 수 있다.

종이 장판 선조들이 사용했던 한지 장판으로 천연 닥나무로 만들어 질기고 친환경적인 제품이다. 황토 바닥과의 궁합이 좋으며, 습도 조절이 용이하고 끈적임이 없는 것이 장점. 콩기름을 먹여 까는 전통적인 방식이 있지만, 요즘은 바니시 래커로 마감하기 때문에 휘발성 유기 화합물이 방출될 수 있다.

룸 바닥재 일명 '장판'이라고 부르는 바닥재로, PVC(폴리염화비닐)를 주원료로 압출해 만든다. 비환경적인 소재지만 가격이 저렴해 많이 사용되고 있다.

D-56 신혼집 벽지 고르기

신혼집에 표정을 더하는 벽지는 경제적이며 도배가 편한 합지 벽지(종이 벽지), 종이 위에 PVC를 코팅해 표면이 실크처럼 부드럽고 오염에 강한 실크 벽지, 뒷면이 접착 처리돼 시공이 간편한 접착 벽지를 선호한다. 신혼집에는 화사하고 깔끔한 흰색이나 베이지, 아이보리 색상이 무난하고 스트라이프나 체크 등의 패턴 벽지를 포인트로 활용하는 것도 방법. 벽면보다는 천장을 밝게 해야 높아 보이는 효과가 있고, 포인트 벽지는 가구와 멋스럽게 어울리는 소파나 침대 헤드 뒤, 주방 벽면 등에 바르는 것이 좋다. 최근에는 옥수수 소재로 만든 친환경 벽지나 실사 같은 일러스트 벽지 등도 많이 찾는 추세이다.

D-55 신혼집 가구 고르기

바닥재와 벽지가 인테리어를 돋보이게 해주는 기본이라면, 가구는 인테리어 콘셉트를 완성하는 핵심이라 할 수 있다. 가구를 결정하는 우선순위는 집에 얼마나 어울리는지, 전체적인 분위기와 잘 조화될지, 사용하는 데 불편함은 없는지, 친환경 소재를 사용했는지 등이다. 그리고 좁은 신혼집에서의 공간 활용도가 높은 디자인인지도 중요하다. 새 가구에서는 나쁜 냄새와 유해 물질이 배출될 수 있으므로 친환경 소재 사용 여부나 도장 기법도 꼭 확인하자.

D-54 공간을 넓게 쓰는 가구 배치

미리 그려둔 평면도에 맞춰 가구를 배치한다. 가구를 한 공간 내에서 여러 군데 놓으면 시선이 분산되어 어지럽고 공간도 좁아 보이므로 침실, 거실의 한쪽 벽으로 모아준다. 두 군데에 배치할 경우는 높이가 비슷한 제품끼리 모으는 것이 안정적이다. 또 서로 폭이 다른 가구들을 벽에 딱 붙여 배치하면 들쑥날쑥해 보이므로 앞의 선을 맞춰 배치하는 것이 깔끔해 보인다.

D-53 컬러 인테리어 공부하기

컬러는 사람의 기분을 살려주기도 하고 가라앉게 하기도 하기 때문에 많은 시간을 머무는 집을 인테리어할 때 컬러 선택이 중요하다. 컬러테라피 인테리어는 5분 이상 컬러를 지속적으로 바라볼 때 효과를 볼 수 있다.

Green 자연의 색상인 그린. 피로할 때 그린 컬러의 나무나 산, 잔디 등을 보라고 하는 이유가 바로 여기에 있다. 정신적, 육체적으로 과도한 긴장을 해소하고 혈압을 안정시켜준다. 편안함과 안정감을 주고, 집중력과 상상력을 높인다.

Yellow 옐로는 식욕을 돋우고, 몸의 활력을 불러일으키며, 소화 기능을 좋게 해 주방 메인 컬러로 정하면 금상첨화다. 학습에 대한 의욕을 고취시키기는 하지만, 집중력을 방해하는 단점이 있다. 변비에도 효과가 있어 욕실에 사용하면 좋다.

Pink 핑크 컬러 인테리어에 둘러싸여 있으면 편안함과 안정감을 느끼고 공격적인 성향이 없어진다. 산만하거나 불안한 증세를 차분히게 해주기 때문에 가족과 함께 머무르는 거실이나 아이 방 인테리어에 활용하면 좋다.

Orange 주황색은 회복과 따뜻함, 자극의 컬러로 노란색처럼 식욕을 돋운다. 우울증에 좋은 치료제 컬러로 기분을 좋게 해준다.

Violet 바이올렛 컬러는 정신 활동을 촉진하고, 감성을 높이므로 서재 인테리어에 효과적이다. 서재를 꾸밀 때 보라색으로 포인트를 주는 것도 방법이다.

Blue 블루는 청결한 컬러로 인간의 정신 능력을 고취시켜준다. 긴장과 불안을 가라앉히는 효과가 있고, 정신을 집중해야 하는 사람에게 좋다. 불면증으로 고생하는 사람은 이불이나 벽지를 푸른 계열로 바꿔주면 효과를 볼 수 있다. 단, 너무 과도하면 우울증이나 슬픔을 야기할 수도 있다고 하니 포인트로 사용하는 것이 좋다.

Brown 안정감을 주는 컬러로 고집이나 절약을 상징하기도 하지만, 내추럴한 나무 색상이라 자연이 주는 편안함을 느끼게 해준다. 우리나라 인테리어에 가장 많이 사용된다.

D-52 신혼집 조명 선택

인테리어 공사는 조명으로 완성된다고 해도 과언이 아니다. 똑같은 공간도 조명에 따라 다양한 분위기가 연출되며, 조도에 따라, 빛의 각도에 따라 전혀 다른 공간이 탄생하기 때문이다. 장식적인 조명은 공사 중간에 결정해도 되지만, 공사와 함께 시공에 들어가야 하는 매립식 조명과 은은한 빛으로 효과를 극대화하는 간접 조명은 미리 결정해야 한다.

D-51 조명 공부

직접 조명

실링 라이트 천장에 딱 붙게 설치하는 조명은 방 전체를 밝히는 데 쓰인다. 천장에 붙는 조명으로 대부분은 디자인이 심플하다.

펜던트 부분적인 공간에 포인트를 주는 조명으로, 천장에 달아 늘어뜨려 원하는 공간을 비추도록 설치한다.

플로 스탠드 키가 큰 디자인으로 거실이나 침실 등 넓은 공간에 사용한다. 집 안 전체 분위기와 조화를 이룰 수 있는 것으로 선택한다.

간접 조명

스포트라이트 노출식 할로겐 조명으로 벽면 그림이나 특정한 곳의 물체를 비추는 데 쓰이는 장식 조명. 할로겐은 부분적인 조명 효과를 위해 많이 사용한다. 방향과 각도를 자유자재로 조절하고 비추고 싶은 물건에 스포트라이트 효과를 준다.

테이블 스탠드 테이블 스탠드는 필요한 곳에 부분 조명과 장식 효과를 동시에 노리는 조명이다. 테이블이나 콘솔, 침대 옆 사이드 테이블 등에 올려놓고 사용하며 방 분위기를 고려해 선택한다.

브래킷 일명 벽등이라고도 불리는 브래킷은 주 조명의 보조 역할을 하거나 벽에 장식적인 효과를 주기 위해 사용한다. 은은한 간접 조명으로 분위기 있는 벽을 연출하기에 좋다.

D-50 인테리어 결정

인테리어 예산과 레노베이션 규모, 시공 스케줄, 각 공간의 계획과 조명을 선택했다면 본격적인 시공을 시작할 수 있다. 이때부터 매일 매일의 스케줄을 세밀하게 체크해야 신혼집 입주까지 별 탈 없이 공사를 마무리할 수 있다. 결정 사항과 시안은 꼼꼼하게 기록해야 향후 완성된 공간과 비교할 수 있다.

D-49 레노베이션 신고

레노베이션할 때 아파트는 관리사무소에, 주택은 동사무에서 신고해야 한다. 미리 신고하지 않고 공사를 진행할 시 민원이 들어오면 바로 공사를 중단해야 하는 경우가 생긴다. 특히 아파트는 먼지와 소음과 관련해서 주민들에게 양해를 구하고, 엘리베이터 등에 고지하는 것이 좋다. 공사 2~3일 전에는 신고를 마친다.

D-48 공사 내역서 숙지

인테리어 시공 업체에서 받은 공사 내역서를 충분히 이해하는 것이 중요하다. 전문적인 부문까지 성확히 이해하기는 어렵지만 어떤 자재를 사용하는지, 어떤 스케줄로 진행되는지 정확히 알고 있어야 불필요한 경비를 줄일 수 있고, 시공 업체와의 마찰도 줄일 수 있다. 계약서는 공사를 시작하기 전에 작성하는 것으로 공사 개요와 공정표, 공사비 지급 계획, 자재에 관한 부분, 공사 변경에 대한 내용, 하자 보수에 대한 내용, 분쟁이 생길 경우를 대비한 법률적인 사항 등이 포함돼야 한다. 공사를 시작하기 전 많은 계약금을 지불하는 것은 바람직하지 않고, 공사가 끝난 후에도 하자가 생길 경우를 대비해 10% 정도는 지불을 보류하는 것도 방법이다. 계약서를 작성할 때 예측 가능한 돌발 상황에 대해서도 미리 명시하는 것이 원활한 진행에 도움이 된다.

D-47 수납 아이디어 배우기

작은 평수에서 시작하는 신혼 생활, 처음부터 체계적인 수납이 필요하다. 공간을 잘 활용하면서 장식 효과까지 얻는 수납 아이디어를 눈여겨볼 것.

좁은 집 넓게 쓰는 공간 절약형 가구 가로 1m가 조금 넘는 콤팩트한 2.5인용 소파는 덩치 큰 소파가 부담스러운 신혼집에 제격이다. 비슷한 디자인의 테이블 2~3개가 한 세트를 이루는 네스트 테이블도 공간을 절약하면서 장식 효과까지 주는 센스 만점 가구다.

타공판을 사용한 주방 수납 아이디어 원래 방음을 위해 소리를 빨아들이는 용도로 쓰이던 타공판은 집 안 곳곳에 수납 도구로 활용하기에 안성맞춤. 컬러가 다양하지 못한 게 아쉽다면 직접 페인팅하거나 래커 스프레이로 색을 입힌다.

다재다능 미니 수납 도구의 활용 수납 가구를 활용한다 하더라도 집 안 구석구석에 틈새가 생기기 마련이다. 미니 수납장과 다양한 크기의 수납함, 이동형 수납장 등이 이렇게 버려져 있던 공간을 200% 활용하도록 돕는다.

나무 박스를 쌓아 완성한 모듈 책장 사용자의 필요, 공간 크기에 따라 다양한 형태와 모양으로 구성하는 모듈형 책상은 공간 활용도가 높고, 공간에 리듬감을 줘 인테리어 효과를 기대할 수 있다. 시중에 출시된 비싼 모듈형 책장 대신 흔히 구할 수 있는 나무 박스를 활용하면 손쉽게 모듈형 가구를 만들 수 있다. 이때 크기와 모양이 다양한 박스를 이용해야 생동감 있는 인테리어 효과를 얻을 수 있다.

D-46 풍수 인테리어 공부

침대 헤드는 깔끔하게 침대 헤드가 요란하면 수면 상태에서 복잡한 기운이 전달돼 숙면을 취할 수 없고 고민도 많아진다. 헤드가 없는 타입이거나 단순한 형태를 선택하고, 따뜻한 기운을 담은 목제 침대가 좋다.

침대 벽에 붙이지 않기 시멘트벽에서 나오는 좋지 않은 기운과 차가운 냉기가 전해지므로 침대를 벽에 붙이는 것은 좋지 않다. 중앙에 두고 침대 양쪽으로 자유롭게 드나들 수 있는 공간을 만든다. 침실에 침대만 있으면 금전운이 저하되므로 사이드 테이블을 함께 두는 것이 바람직하다.

현관 조명은 밝게 복이 들어온다는 의미가 있는 현관은 조명을 밝게 하고, 깔끔하게 정리하는 것이 좋다. 밝고 깨끗해야 행운이 찾아올 수 있다는 의미를 담고 있다.

마주 보는 거울 치우기 거울은 모든 걸 반사시키기 때문에 가능한 한 마주 보는 방향에는 거울을 놓지 않는 것이 좋다. 침대, 소파 등 많은 시간을 보내는 공간이나 현관 입구 맞은편에는 더더욱 거울을 두지 말 것. 혹시라도 꼭 놓아야 한다면 아주 작은 거울로 대체한다.

화장실은 청결하게 화장실 조명을 밝게 하고, 컬러 소품을 이용해 화사하게 꾸민다. 항상 청결하게 유지하고, 변기 뚜껑은 사용 후 내려둬야 돈이 새나가는 것을 막을 수 있다.

D-45 공사 시작

본격적으로 인테리어 공사 시작. 중간 중간 공사 일정을 체크하고, 이제부터 신혼집에 들어갈 가구와 가전, 소품, 패브릭 등을 구입한다. 배송 일정은 공사가 다 끝난 후 베이크 아웃으로 환기한 이후로 잡는다.

D-44 논현동 가구거리 탐방

인테리어의 메카 논현동 가구거리에는 국내외 유명 가구 브랜드 매장이 자리하고 있을 뿐만 아니라 타일, 벽지, 바닥재 등 부자재도 구경할 수 있다. 안쪽 골목까지 크고 작은 업체들이 모여 있어 선택의 폭이 넓은 것이 장점. 신혼집 꾸미기 전, 논현동 가구거리 시장 조사로 안목을 높이고 정보도 수집할 것.

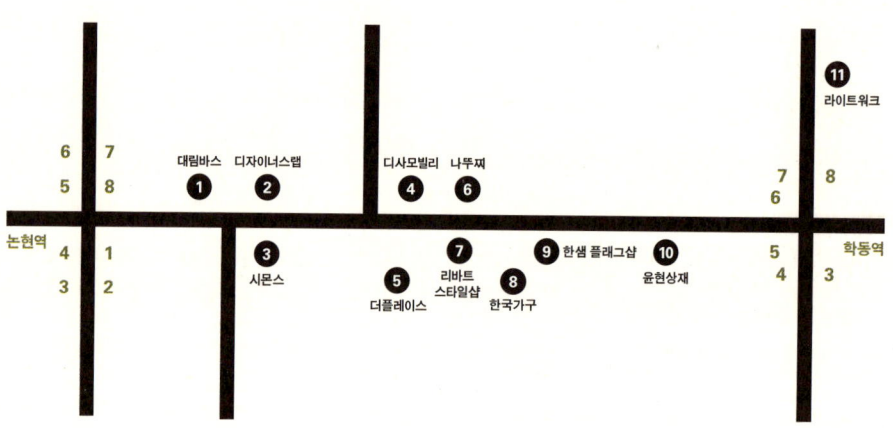

❶ 대림바스

대림바스의 THE BATH는 약 661m²로 1~2층 규모의 쇼룸이다. 1층에는 수도꼭지, 세면대 등 대림바스의 모든 제품을 한눈에 볼 수 있으며 2층에는 따뜻하고 아늑한 느낌의 프렌치 오크, 파스텔 톤의 타일로 포인트를 준 로맨틱 화이트 등 12가지 스타일의 욕실 세트와 수입 브랜드가 전시되어 있다. 쇼룸 내에는 이현정 작가의 설치 미술 작품도 전시되어 있어 갤러리를 연상시킨다. 욕실 인테리어 디자인 상담은 물론 견적, 시공까지 토털 컨설팅 서비스를 받을 수 있다.

open 오전 9시~오후 6시 30분(월~금요일)
　　　오전 10시~오후 6시 30분(토요일)
　　　오전 10시~오후 4시(일요일)
address 서울 강남구 논현동 51-3
tel 1588-4360

❷ 디자이너스랩

김정근, 박상현, 김승일, 김형, 한은주, 곽철안, 서정화 등 국내 대표적인 가구 디자이너와 아티스트가 협업해 만든 국내 가구 브랜드. 북유럽 스타일 가구의 디자인과 앤티크 가구의 견고함을 접목해 디자이너스랩만의 실용적이고 편안함을 추구한 가구를 선보인다. 원목의 자연스러운 멋을 살렸을 뿐 아니라 모던한 북유럽 디자인 덕분에 최근 논현동 가구거리에서 주목받고 있다. 1월 말 매장을 이전하면서 디자이너스랩 시즌2를 오픈. 기존에 비해 오렌지, 옐로 등 밝은 색상의 가구와 패브릭을 만날 수 있다.

open 오전 10시~오후 8시
address 서울 강남구 논현동 54-4
tel 02-545-6766

❸ 시몬스

'흔들리지 않는 편안함'을 모토로 하는 시몬스의 침대는 절제된 클래식 스타일에 헤드보드의 볼륨이 돋보이는 것이 특징이다. 신혼부부에게는 밝은 오크 소재의 침대와 가죽 헤드보드로 고급스러움을 더한 침대가 가장 인기다. 원목 프레임 침대의 경우 협탁과 화장대를 세트로 구입할 수 있다. 또 143년간의 노하우를 담아 안락하고 편안한 매트리스를 선보인다. 특히 탄소발열체를 사용한 신개념 백케어BackCare 매트리스와 최상급 거위솜털을 사용한 프리미엄 침구 라인 뷰티레스트 홈, 북유럽에서 온 리클라이너 스토달STORDAL도 만날 수 있다.

open 오전 9시 30분~오후 8시
address 서울 강남구 논현동 125-2
tel 02-544-9114

❹ 디사모빌리

드라마 〈청담동 앨리스〉의 가구를 만나고 싶다면, 지하 1층, 지상 6층에 1983㎡ 규모를 갖춘 디사모빌리에 들러보자. 카림 라시드, 로브레트 셈프리니 등의 세계적인 디자이너에게 의뢰해 모던한 디자인을 선보이는 가구 브랜드 콘템포와 실용적이고 기능적인 가죽 소파를 생산하는 치에레, 밀라노를 대표하는 소파 브랜드 부스넬리를 비롯해 이탈리아, 독일, 덴마크 등 유럽의 명품 브랜드를 만날 수 있다. 카페테리아에서 휴식을 취할 수 있을 뿐만 아니라 유명 작가들의 그림과 가구를 구경할 수 있는 복합 문화공간이다.

open 오전 9시~오후 8시
address 서울 강남구 논현동 56-16
tel 02-512-9162

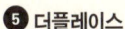

⑤ 더플레이스

동서양의 만남이라는 콘셉트로 세계의 명품 리빙 브랜드를 엄선해 선보이는 더플레이스는 이탈리아의 브랜드 까딸란Cattelan과 조명 브랜드 플로스를 론칭하면서 내부 인테리어를 새 단장했다. 1층에는 소파와 식탁 등의 가구가, 2층에는 모던한 디자인의 의자와 디자인 소품이 전시되어 있다. 3층에는 침대와 각종 패브릭이 구비되어 있는데, 전문가에게 패브릭 컨설팅도 받을 수 있다. 알레시를 비롯해 공간에 품격을 더하는 오브제도 다양하게 갖추고 있어 구경하는 재미가 있다.

open 오전 10시 30분~오후 8시
address 서울 강남구 논현동 12
tel 02-3444-9595

⑥ 나뚜찌

1959년 설립된 이래 소파, 암체어, 테이블을 비롯해 거실에 필요한 제품을 선보여온 나뚜찌 그룹은 이탈리아의 가장 큰 가구 업체다. 92%의 자재를 직접 생산하며 품질 관리가 철저할 뿐 아니라 이탈리아 장인의 수작업 덕분에 최상의 수준을 자랑한다. 3층 건물을 단독으로 사용하는 나뚜찌 플래그십 스토어에는 전 세계 소파 시장의 약 8%를 차지하는 나뚜찌가 전시되어 있고, 분당전시장에서는 나뚜찌를 비롯해 에디션즈, 이탈소파 세 가지 브랜드의 제품이 전시돼 있다. 2013 뉴 컬렉션, 에뜨왈 소파는 등받이 부분을 젖히면 전혀 다른 모양으로 변신하는 것이 특징이다.

open 오전 10시~오후 7시 30분
address 서울 강남구 논현동 56-22
tel 02-517-5650

❼ **리바트 스타일샵**

리바트 스타일샵을 오픈, 대표적인 리빙 컬처 브랜드로 자리매김했다. 내추럴 시크를 콘셉트로 층마다 각각의 테마에 맞는 공간을 제안한다. 스타일샵에 입점된 가구는 대부분 리바트에서 디자인, 제작한 것으로 내구성이 뛰어날 뿐 아니라 모두 친환경 제품이다. 1층에서는 러브라믹스, 야마하, 키플랑 등 여러 브랜드의 생활용품과 주방용품을 구입할 수 있으며 카페에서 휴식을 취할 수 있다. 3층에 신혼부부를 위한 제품이 많이 구비되어 있는데, 그중 내추럴한 원목이 멋스러운 모리아, 클레어 등 침실 세트가 인기 만점이다.

open 오전 10시 30분~오후 8시
address 서울 강남구 논현동 125-4
tel 02-549-2155

❽ **한국가구**

1966년 설립돼 국내 가구 시장을 본격적으로 활성화시킨 한국가구는 간결하면서 절제된 디자인, 품위 있는 스타일을 선보인다. 5층 건물에 정통 클래식부터 모던한 디자인까지, 한국가구가 자체 디자인한 제품뿐만 아니라 세계적으로 유명한 브랜드의 제품이 전시되어 있다. 세계 최초로 플라스틱 의자를 선보인 이탈리아 브랜드 카르텔과 독일의 명품 브랜드 도미실 등을 만날 수 있다. 1층은 내추럴 모던 스타일이 콘셉트로 세련미와 기능성, 합리적인 가격 모두를 추구하는 신혼부부를 위한 제품을 구경할 수 있다.

open 오전 10시~오후 7시 30분(월~금요일)
오후 6시까지(토요일·공휴일)
address 서울 강남구 논현동 124
te 02-547-7761

⑨ 한샘 플래그샵

지하 1층부터 8층까지 건물을 독립적으로 사용하는 한샘 플래그샵 논현점은 가구거리의 랜드마크라고 할 수 있다. 1층부터 6층까지 침실, 거실, 서재, 부엌 등 공간별로 아이템을 보여주며 7층과 8층에 수납용품, 패브릭 등 각종 생활용품이 진열돼 있어 신혼집 살림에 필요한 모든 것을 원스톱으로 구입할 수 있는 것이 장점. 특히 이곳에서는 79m²(24평형)대 방 3개 구조의 가상 신혼 공간을 볼 수 있다. 좁은 공간에도 잘 어울리는 위더스데코 3인용 소파, 공간에 맞춰 설계할 수 있는 모듈형 플러스템 책장 등이 신혼부부를 위한 추천 제품이다.

open 오전 10시 30분~오후 8시
　　　일요일, 셋째 주 월요일 휴무
address 서울 강남구 논현동 126
tel 02-542-8558

⑩ 윤현상재

욕실, 주방의 벽뿐만 아니라 거실 바닥까지 타일로 맞추면 고급스럽고, 한겨울에도 따뜻하게 지낼 수 있다. 타일 전문점, 윤현상재에서는 이탈리아, 프랑스 등의 수입 제품을 만날 수 있다. 자연석같이 거친 질감의 타일, 포인트로 시공할 수 있는 앤티크나 모자이크 타일 등이 꾸준히 잘 나간다. 3~5층에 욕조, 세면대 등 타일 이외의 제품이 갤러리처럼 전시돼 있다.

open 오전 8시~오후 7시
　　　오후 5시까지(토요일)
　　　일요일 휴무
address 서울 강남구 논현동 132-22
tel 02-540-0145

⑪ 라이트워크

논현동에 문을 연 지 올해로 20년째인 라이트워크는
비비아Vibia, 잉고 마우러Ingo Maurer, 카텔라니&
스미스Catellani&Smith 등 세계적으로 유명한 조명
브랜드를 소개하는 곳이다. 모던하면서 실용적인 제
품이 많아 신혼부부부터 노부부까지 다양한 고객들
이 찾는다. 그림자까지 아름답게 떨어지도록 고려한
카텔라니&스미스의 파이버글라스 조명이 라이트워
크의 대표 아이템. 잉크를 넣어 색을 내는 조명, 콜라
병을 활용한 조명 등 유니크한 아이디어가 돋보이는
제품이 신혼부부에게 인기다.

open 오전 9시 ~오후 7시, 일요일 휴무
address 서울 강남구 논현동 86
tel 02-547-6751

D-43 침실 가구 고르기

아늑함을 중요시하는 침실은 침대와 사이드 테이블, 조명만으로 심플하게 연출하는 것이 대세다. 침대 위치가 벽에서 중앙으로 옮겨지면서 장식 효과가 높은 침대 헤드보드의 디자인을 강조하는 경우가 많다. 계절에 따라 다양한 분위기를 연출하고 싶다면 헤드보드 없이 매트리스로만 구성된 침대를 구입하고, 벽지나 베드 리넨으로 포인트를 주는 것도 방법. 침대 양옆으로는 사이드 테이블과 조명 등을 세팅하는데, 펜던트와 플로 스탠드, 테이블 스탠드, 간접 조명 등을 적절히 혼합해 활용한다.

tip 편안한 침대 고르는 방법

자신의 체형에 맞는 매트리스 선택 매트리스는 크게 단단한 것, 보통인 것, 소프트한 것 3종류가 있는데, 직접 누워서 느껴보고 평가한 뒤 자신의 체형과 맞는 매트리스를 선택한다. 크기는 가로가 어깨 폭의 3배 정도, 길이는 키보다 15~20cm 긴 침대가 좋다. 침대에 앉았을 때 무릎과 발목의 각도가 90도 정도 되면 알맞은 높이.

누웠을 때 스프링이 느껴지지 않는 것 스프링이 느껴지거나 소리가 난다는 것은 내용물이 부실하다는 증거. 누웠을 때 스프링이 느껴지지 않고 소음이 없어야 한다.

곰팡이와 세균이 없는 매트리스 각종 곰팡이와 세균이 침대에 서식해 질병과 알레르기 등을 유발하기 때문에 이를 방지할 수 있는 매트리스를 선택한다. 매트리스 원단 표면에 방충, 항균 효과 마크를 확인 후 구입할 것.

무난한 컬러와 디자인의 프레임 주위 가구와 조화를 생각한 무난한 컬러와 디자인의 프레임이 좋다. 색상이 부드럽고 내추럴한 우드 컬러가 눈의 피로를 덜어주고 편안한 휴식을 취할 수 있도록 돕는다.

A/S 확실한 매트리스 매트리스가 소모품이라고 생각하면 오산. 전문 회사도 품질 차이가 크기 때문에 품질 보증서를 확인하고, A/S 여부와 기간을 꼼꼼히 챙긴다.

D-42 거실 가구 고르기

공식처럼 놓였던 1·3인용 소파 대신 2인용 소파 두 개나 자유롭게 배치할 수 있는 모듈러 소파, 1인용 암체어나 스툴 등을 자유자재로 배치하는 것이 트렌드. 소파와 마주하며 서재, 작업실, 식탁 등의 용도로 사용하는 6~8인용 테이블도 요즘 거실에서 눈에 많이 띄는 가구다. 가구나 소품으로 꽉 채운 거실보다 넉넉한 의자 몇 점만 배치해 여백의 미를 살린 거실이 더욱 각광받고 있다. 어느 정도 가구 배치를 끝낸 후 오래된 가구 하나를 멋스럽게 세팅하거나, 위트 있는 소품과 패브릭, 조명 등으로 포인트를 주면 근사한 거실이 완성된다.

D-41 주방 가구 고르기

주방은 브랜드 제품을 사용할 것인가, 맞춤 제작 상품을 선택할 것인가에 따라 분위기가 달라진다. 브랜드 제품은 내구성이 뛰어나고 A/S가 확실한 대신 가격이 비싸고, 맞춤 제작은 원하는 재질과 컬러를 구현할 수 있고, 수납 구조를 조절할 수 있으며, 상대적으로 저렴하다는 장점이 있다.

tip 효율적인 주방 가구 배치법

주방은 동선을 고려해 배치해야 한다. 냉장고, 오븐, 전자레인지, 전기밥솥, 식기세척기 등의 배치를 고려할 것. 식탁이 멀면 식사를 차리고 치우기 어렵고, 화장실과 마주 보게 되거나 밖에 지나다니는 사람들과 식사하는 도중 눈이 마주칠 수도 있으므로 이를 계산해 가구를 배치하는 것이 현명한 방법.

D-40 서재 가구 고르기

대체적으로 공간이 협소한 서재는 최대한 동선을 줄이고 콤팩트한 가구를 선택하는 것이 노하우. 시중에 판매하는 가구 크기가 부담스럽다면 맞춤 가구를 선택하는 것도 방법이다. 수납이 중요한 서재는 수납공간을 충분히 만들어야 깔끔하고 집중력이 높아지는 공간이 완성된다. 선반과 캐비닛, 서랍장을 적절하게 활용할 것. 선반은 자주 보는 책을 꽂아두는 개방형 선반과 오래된 자료나 책을 수납하는 밀폐형 선반 두 가지로 구분하면 효율적이다.

D-39 신혼집 가구 고르는 노하우

한 번 구입하면 10년은 사용하게 되는 혼수 가구는 오래 쓸 수 있도록 내구성이 좋고, A/S가 잘되며, 쉽게 질리지 않는 것으로 구입하는 것이 현명하다. 하지만 오래 쓸 요량으로 비싼 돈을 투자해야 하는 것과 저렴하게 구입할 것을 나누는 것이 먼저다. 침대는 프레임보다 매트리스의 품질을 보고 결정하고, 수면의 질이 중요하므로 비싸더라도 기능성 매트리스를 고른다. 반면 소파는 오래 쓸 요량으로 비싼 가죽을 선택하는데, 신혼집을 점차 늘려가거나 아기가 생기는 등 변수가 많이 발생하기 때문에 디자인이 마음에 드는 저렴한 것을 구입하고 1인용 체어나 스툴을 매치하는 것이 정답. 식탁은 세트 구성을 피하고 베이식한 스타일의 테이블을 마련한 후 각기 다른 디자인의 의자를 매치하면 멋스럽고 오래 사용할 수 있다.

D-38 아웃렛 숍 탐방

제품의 질은 떨어지지 않으면서도 합리적인 가격까지 갖춘 인테리어 아이템들을 찾고 있다면 아웃렛으로 눈을 돌려보는 것도 방법이 될 수 있다. 이때 준비할 것은 좋은 아이템을 단번에 알아볼 수 있는 센스 있는 안목과 8곳의 정보가 담긴 이 리스트.

까사미아 아웃렛
원스톱 아웃렛

쇼핑 유니크한 디자인의 가구를 30% 이상 할인된 가격으로 판매하는 까사미아 아웃렛은 가구가 들어오는 매주 수·금요일에 잘 맞춰 가면 더 많은 상품들을 둘러볼 수 있다. 원스톱 아웃렛 쇼핑이 가능한 것이 장점. 최근 리뉴얼을 통해 다양하고 많은 물건들로 풍성하게 꾸민 까사미아 아웃렛은 신혼 가구를 구입할 수 있는 좋은 장소다.
address 경기 광주시 오포읍 신현리 764-8
tel 031-712-4231

디자인벤처스 아웃렛
모던한 원목 가구 숍

디자인벤처스 압구정 매장 3층은 진열 상품들을 모아놓은 아웃렛 층으로 그동안 눈여겨보았던 가구를 30~40% 저렴하게 구입할 수 있다. 홈페이지에 들어가 아웃렛 카테고리에 올라와 있는 가구들을 살펴본 뒤, 매장에서 직접 눈으로 보고 고르는 것이 스크래치나 색상 얼룩들을 체크하면서 좋은 가구를 고를 수 있는 팁.
address 서울 강남구 신사동 528
tel 02-3444-3382

본가구 아웃렛
합리적 가격의 아웃렛 숍

본가구 아웃렛 매장은 브랜드 가구의 리퍼 제품, 공매 제품을 저렴한 가격으로 판매하고 있다. 리퍼 제품은 제조사에서 물건을 만들어 검수하는 과정에서 나온 제품이나, 하자가 있어 교환해주고 나서 회수한 물건들을 새로 수리해서 내놓은 것. 할인율은 40~60% 정도로 100만원대 가구를 40만~60만원대에 살 수 있다. 가구 외에도 그릇, 식기건조기 등 다양한 제품이 구비돼 있다.
address 인천 중구 신흥동 3가 42-10
tel 032-761-0950

에몬스 아웃렛
국내 명품 가구를 저렴하게 구입할 수 있는 기회

평소 에몬스가구에 관심이 있었던 이들이라면 반가워할 소식. 인천 에몬스가구 전시장 3층에서는 백화점이나 행사장의 진열 상품, 이월 제품, 스크래치 등이 있어 정상가로 판매하기 어려운 에몬스가구를 50~70% 할인된 가격으로 판매한다. 또 신상품이 나오기 전에 만드는 샘플 가구나 라벨도 떼지 않은 새 상품들도 있으니 구석구석 잘 찾아볼 것. 서랍장은 보통 20만~30만원대에서 구입할 수 있고 300만원대의 고급 옷장을 100만원대로 저렴하게 판매하기도 한다. 3층 아웃렛을 방문할 때는 1층부터 천천히 둘러보며 오는 것이 좋은 제품을 고를 수 있는 방법이며, 정품과 같이 구입할 경우 배송비는 면제된다.
address 인천 남동구 고잔동 740 0
tel 032-816-2224

보노야 아웃렛
실용성을 강조한 스마트한 가구 숍

다양한 콘셉트의 가구를 제작하는 인테리어 가구 및 소품 브랜드 보노야. 보노야 홈데코에서는 모델하우스, 방송 등에 협찬한 상품을 최대 70%까지 할인해서 판매하는 아웃렛 매장을 운영하고 있다. 다양한 가구 중 가장 인기 있는 상품으로는 서랍장 박스를 꼽을 수 있다. 수납 박스를 2개씩 나누어 제작하고 박스 위에 쿠션을 두어 벤치로도 활용할 수 있어 실용성이 뛰어난 제품. 아기자기하게 신혼방을 꾸미는 부부들이 많이 찾는다고.
address 경기 광주시 오포읍 문형리 575-3
tel 070-8874-9912

다원몰 상설 할인 매장
집에 활기를 불어넣는 패브릭이 한곳에

다원몰은 커튼과 침구 등 스타일리시한 패브릭 상품을 판매하는 다원물산의 물류센터 안에 있는 매장으로 직접 제품을 제작한 뒤, 중간 유통 단계를 최소화해 인터넷 가격의 20%, 시중보다 40% 할인된 합리적인 가격으로 판매한다. 이곳 물류센터 쇼핑몰에는 다원물산의 많은 브랜드 중 바자르, 엘레지오, 다이너스티 세 개 브랜드의 비중이 60~70%를 차지해 이를 선호하는 사람들이 많이 찾는다. 산뜻한 파스텔 톤의 커튼, 고급스러운 원목 침대에 어울릴 만한 세련된 침구 등 원하는 분위기의 인테리어를 완성할 수 있는 다양한 색상과 스타일의 홈패션 아이템을 골고루 갖추고 있다.
address 경기 고양시 일산 동구 성석동 517-16
tel 031-977-4977

모델홈
빈티지 스타일 숍

파리의 벼룩시장에서나 봄직한 앤티크하면서도 빈티지한 스타일의 가구를 찾고 있다면 이곳을 추천한다. 모델하우스에서 볼 수 있었던 고급 수입 가구들을 50~80% 할인된 착한 가격으로 판매하는 모델홈. 이탈리아산 침대, 콘솔, 식탁, 유명 수입 브랜드 소파부터 샹들리에, 플로 스탠드, 액자, 보석함 등 소품에 이르기까지 대부분의 인테리어 아이템들을 모두 갖추고 있는 것도 장점. 주인장이 직접 공수해온 프랑스 빈티지 가구로 꾸민 신혼부부들을 위한 쇼룸도 곧 선보일 예정.
address 경기 성남시 분당구 궁내동 282-3
tel 031-715-8809

행복창고
창고형 가구 할인 매장

행복창고는 운송 중 발생한 스크래치 제품이나 변심에 의한 반품 제품, 이월 단종 상품만을 모아 판매하는 창고형 가구 할인 매장이다. 스크래치 가구라고는 하지만 찾아보기 힘들 정도의 흠집이 약간씩 있는 가구들이 대부분이다. 침실 가구, 소파 등 모든 가구 제품을 취급하는 것은 물론 최근 유행하는 북유럽, 클래식, 빈티지, 모던 스타일 등 다양한 분위기의 가구들을 고를 수 있다. 매장까지 오는 것이 힘들다면 온라인 카페에서도 구입 가능하다. 구입 후, 6개월 무상 A/S 서비스도 받을 수 있으니 참고할 것.
address 경기 광주시 장지동 408
tel 031-797-1120

D-37 중고 사이트 쇼핑

중고나라(cafe.naver.com/joonggonara) 사이트만 잘 활용해도 가구와 인테리어 소품, 가전 등을 저렴하게 구입할 수 있다. 1000만이 넘는 회원 수를 자랑하는 중고 사이트로, 직거래로 물건을 구입하기 때문에 수수료가 없지만 간혹 사기 피해가 있으므로 출처와 사양을 꼼꼼하게 비교한 뒤 구입을 결정한다. 외국 발령이 나서 급매로 가구를 팔아야 하는 경우나, 카페를 정리하면서 가구를 파는 등 의외로 질 좋은 가구를 값싸게 구입할 수 있다. 워낙 회원 수가 많아 좋은 제품이 올라오면 빨리 팔리기 때문에, 수시로 체크해 원하는 물건이 나왔을 때 구매를 빨리 결정하는 결단력도 필요하다.

D-36 트랜스포머 가구에 주목

작은 주거 공간에 맞는 다양한 제품들만 살펴봐도 신혼집 가구를 정하는 데 도움을 받을 수 있다. 기존 대비 절반 이상의 저렴한 가격과 깔끔한 디자인, 편리한 기능, 좁은 공간을 효율적으로 활용할 수 있는 아이디어가 돋보이는 상품들이 대부분. 트랜스포머 가구만 있으면 비좁은 공간을 효율적으로 사용할 수 있다. 낮에는 소파였다가 밤에는 침대로 변하거나, 양쪽을 열면 2인용이 6인용으로 변하는 식탁, 평소에는 소파 테이블로 사용하다가 상판을 올리면 미니 서재 공간으로 변신하는 책상 등 좁은 공간에서 트랜트포머 가구는 필수품이다.

D-35 맞춤 가구 알아보기

맞춤 가구는 원하는 사이즈와 디자인으로 제작할 수 있고, 내부 구조나 디테일을 추가할 수 있다는 것이 장점. 자투리 공간도 쓸모 있게 채워주는 것도 맞춤 가구의 힘이다. 시중에서 판매되는 가구보다 비싸다는 단점이 있지만, 유통 비용이 들지 않아 고가의 구입을 구입하는 것보다는 저렴하게 맞춤 가구를 제작할 수 있다. 비플러스엠Bplusm(www.bplusm.co.kr), 오즈OZ(www.diyoz.com) 등의 맞춤 가구 업체를 눈여겨볼 것.

D-34 신혼집 가구 결정

온·오프라인 숍과 아웃렛 숍, 중고 사이트, 맞춤 가구 업체 등까지 훑어봤다면, 각 공간 콘셉트에 맞춘 가구를 선택한다. 크기와 가격, 사양 등을 꼼꼼하게 체크해 구입할 것.

D-33 배송 일정 체크

구입한 가구는 목록을 작성하고 빠진 가구가 없는지 체크한다. 소가구를 제외하고는 결혼 한 달 전에 구입해야 신혼집 꾸밀 때 차질이 생기지 않는다. 구입한 가구는 배송 일정을 체크할 것. 공사가 끝난 뒤 베이크 아웃 기간을 거친 후 가구를 배치하는 것이 좋은데, D-10일 전에는 가구 배치를 끝내는 것이 바람직하다.

D-32 인테리어 공사 중간 체크

스케줄대로 공사가 진행되고 있는지, 공사가 끝나는 날짜에 변동은 없는지 체크한다. 공사 일정에 따라 가구와 가전 배송 일정도 달라지기 때문에 수시로 체크해야 스케줄에 차질을 빚지 않는다.

D-31 신혼집에 필요한 가전 체크

신혼집에 세팅한 가전을 구입하기 전 체크리스트를 만든다. 인테리어 도면과 레노베이션 계획에 맞춰 필요한 가전 사이즈도 미리 체크해야 여러 번 발품 팔 일이 없다.

대형 가전

·TV	·냉온정수기
·DVD	·식기세척기
·냉장고	·가스레인지
·김치냉장고	·컴퓨터
·와인냉장고	·기타
·세탁기	
·홈시어터	
·오디오	
·에어컨	
·가스오븐레인지	

소형 가전

·선풍기	·공기청정기
·커피 머신	·전기밥솥
·전자레인지	·디지털카메라
·토스터	·전기주전자
·미니 오븐	·믹서
·미니 청소기	·전화기
·다리미	·헤어드라이어
·가습기	·다용도 음식조리기
·비데	·녹즙기
·청소기	·기타

D-30 필수 가전 vs. 선택 가전

한 번 구입하면 오래 써야 한다는 부담감 때문에 라이프스타일을 고려하지 않고 무턱대고 비싼 가전을 구입하는 것은 어리석은 행동이다. 필수 가전과 선택 가전을 나눠 구매 리스트를 작성하는 것이 중요하다. 세탁기, 냉장고, TV 같은 필수 가전은 구매 리스트에 올리고, 커피 머신, 식기세척기 등의 선택 가전은 부부가 충분히 상의한 후에 결정한다. 예를 들어 커피를 즐기는 부부라면 커피 머신을 사는 것이 경제적이고, 가사 노동이 부담스러운 맞벌이 부부라면 식기세척기를 선택해 가사 부담을 줄일 수 있다. 반면 집에서 요리를 잘 하지 않는데 광파오븐을 산다거나, 다용도 음식조리기를 사는 것은 바람직하지 않다.

D-29 혼수 가전 구입 요령

집에 맞춰 가전 구입 오래 쓸 요량으로 처음부터 큰 사이즈와 용량을 선택하면 비효율적이다. 공간에 맞춰 가전 사이즈를 정해야 좁은 집을 넓게 사용할 수 있다.

패키지 상품 구입보다는 개별 구매 가격이 싸다는 이유로 패키지 상품을 구매하면 결혼 후 사용하지 않고 구석에 방치해 두는 경우가 종종 발생한다. 때문에 구매할 가전 리스트를 미리 정하고 꼭 구매해야 할 제품과 나중에 구매해도 될 제품을 분류한 뒤 전체 디자인 콘셉트를 맞춰 개별 제품을 구매하는 것이 현명하다.

각종 할인 혜택 이용 백화점과 혼수용품 판매점의 세일 일정, 상품권 증정, 특별 기획 행사 등을 살피면 알뜰살뜰하게 가전을 구입할 수 있다. 전단지나 홈페이지를 살펴보거나 평소 단골로 이용하는 매장의 직원을 통해 정보를 얻는 것도 방법이다.

웨딩 마일리지 이용 백화점과 가전제품 판매점에서는 구매 금액에 따라 상품권으로 돌려주거나 웨딩 마일리지를 적립해 상품권을 주는 제도가 있다. 여러 곳에서 최저가 상품을 구입하는 것보다 한곳에 등록해놓고 마일리지를 쌓은 다음 현금처럼 사용하는 것이 훨씬 경제적이다.

30일 전에 조사하기 미리 조사하면 추후 단종되는 제품이 많고, 제품 전환률이 빨라 재조사해야 하는 경우가 있을 수 있으므로 입주 30일 전에 하는 것이 적합하다.

D-28 신혼집 가전, 어디서 구입할까?

혼수 가전을 구입할 때 백화점, 할인 마트, 인터넷, 홈쇼핑에서 판매하는 제품의 차이를 알아야 한다. 가전제품의 유통 구조는 1차적으로 신제품을 백화점과 대리점에서 판매하고, 일정 기간이 지나 단종될 경우 모델명을 바꿔 마트용으로 전환되며, 마트에서도 단종되면 인터넷과 홈쇼핑으로 전환시킨다. 제조사에서는 같은 제품을 모델명만 바꿔 유통 시장을 바꿔나가는 식. 마트, 홈쇼핑으로 들어가는 가전제품 중 일부 제품은 중국이나 제3국에서 제조한 것도 있고, 신제품보다 기능을 삭제하거나 제조 원가를 저렴하게 생산해 공급하는 경우도 있다. 하지만 모델명이 같은데 제조국이 나뉜다거나 기능이 빠지는 경우는 없다.

D-27 요즘 뜨는 신혼 가전 목록 작성

2013년 결혼하는 신랑 신부들에게 추천하는 신혼 가전을 한데 모았다. 가전은 시즌별로 업그레이드된 제품이 출시되므로 꼼꼼하게 체크해봐야 한다.

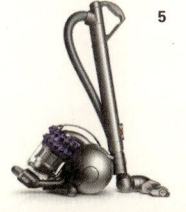

1 마치 대화하는 듯한 자연어 검색을 통한 스마트 추천 기능과 한층 강화된 음성 및 동작 인식의 스마트 인터렉션 기능이 더해진 '삼성 스마트 TV F8000'. 가격 미정 삼성전자. **2** 드럼에 경사를 줘서 사용하기 편리한 '클라쎄 드럼업(DWD-T129RWS)'. 79만9000원 대우일렉트로닉스. **3** 공기 정화 기능을 겸비한 진공청소기 S6 시리즈. 40만원대 밀레코리아. **4** 블렌더 2종과 토스터 3종으로 구성된 필립스의 '뉴 데일리 컬렉션' 라인. 블렌더 6만원대, 토스터 4만원대. **5** 더 작아진 32개의 싸이클론이 공기를 매우 빠르게 회전시켜 공기로부터 미세먼지를 분리하고 강력한 흡입력을 자랑하는 '다이슨 DC46 2중 래디얼 싸이클론 청소기'. 가격 미정 다이슨. **6** 핸디형 퀵스팀 다리미 '스팀앤고'. 11만 2000원 필립스전자. **7** 매직 스페이스를 적용한 5도어가 특징인 '디오스 V9100'. 가격 미정 LG전자. **8** 상단부가 회전하는 시스템인 'Super X-Power'. 200만원대부터 캐리어에어컨. **9** 뱅앤올룹슨의 서브 라인 비앤오 플레이B&O PLAY를 업그레이드 한 '베오플레이Beoplay A9'로 모든 스마트 기기를 통해 무선으로 음악을 감상할 수 있다. 336만원.

D-26 가구&가전 매칭

도면을 펴놓고 구입한 가구와 예상 구입 가전을 매칭해보며 시뮬레이션 과정을 거친다. 그것을 바탕으로 어떤 소품과 패브릭을 더하면 좋을지 체크하면 인테리어 완성도가 훨씬 높아진다.

D-25 소품 목록 작성

신혼집의 스타일과 덩치 큰 가구, 가전을 결정했다면 이에 어울리는 소품을 틈틈이 찾는 것이 중요하다. 시계, 거울, 장식품, 오브제 등이 바로 그것. 의외로 소품이 공간 분위기를 좌우하는 큰 역할을 하고, 분위기에 어울리는 것을 고르기 어렵기 때문에 가구나 가전보다 오랜 시간을 투자해 깨알 같은 아이템을 찾아야 한다. 기존에 가지고 있는 소품과 믹스 매치하는 방법, DIY로 마음에 드는 소품을 직접 만드는 방법도 있다.

D-24 인테리어 공사 체크

인테리어 공사가 스케줄대로 진행되고 있는지, 공사 완료 일정에 변동 사항은 없는지 체크한다.

D-23 패브릭 고르기

패브릭을 어떻게 활용하느냐에 따라 집 안 분위기가 완전히 달라진다. 심플한 화이트 소파에 다채로운 패턴의 쿠션 몇 개만 포인트로 주어도 생동감 있는 분위기가 연출되는 것. 이때 쿠션 중 하나를 커튼 패턴과 동일하게 하면 더욱 멋스럽고, 침실의 침장과 커튼을 통일성 있게 선택하는 것도 세련된 이미지를 준다. 서재나 드레스 룸 등 세컨드 룸(욕실이 없는 작은방)은 깔끔한 블라인드를 많이 활용하는 추세다.

D-22 침구류 고르기

잠자리를 편안하게 해주는 침구류 선택은 신혼일수록 더욱 중요하다. 매트리스만큼이나 수면 환경에 영향을 주는 것이 피부에 닿는 촉감이 좋은 침구다. 다양한 소재로 만든 침구류 중에서 계절과 날씨에 적합하고, 부부 취향에 맞는 침구류를 선택한다. 기본적으로 봄·가을용, 여름용, 겨울용 세 가지 타입으로 구입한다.

tip 많이 사용되는 침구 소재

평직 광택은 없지만 차분한 멋이 있는 면직물로 세탁이 용이하고, 흡수성이 뛰어나다.

트윌 톡톡한 느낌이 있고, 광택이 우수하며, 부드럽다. 마찰에 강하고 구김이 잘 가지 않아 세탁 후에도 변형이 없는 것이 장점.

도비 표면이 요철 형태여서 피부에 닿는 부분이 적기 때문에 수면 환경을 쾌적하게 만들어준다. 작은 무늬, 바둑판무늬 등 기하학적이고 입체적인 무늬가 많다.

리플 올록볼록한 차이가 나도록 가공한 원단으로 바람이 잘 통하고 가벼워 여름밤 소재로 제격이다.

극세사 면 소재보다 흡수율이 2~5배 높고, 때도 쉽게 빠지며 세균 번식이 적어 아토피나 천식, 비염 환자에게 좋으며, 촉감이 부드럽다.

옥스퍼드 실이 굵어 톡톡하고 구김이나 변형이 적으며, 날염 원단이나 무지 원단으로 많이 쓰인다.

캔버스 조직이 조밀하고 두꺼우며 조금 투박한 느낌이 나는 면직물. 옥스퍼드보다 두껍고 튼튼해 각종 슬립 커버용으로 많이 쓰인다.

텐셀 실크보다 부드러운 감촉을 자랑하는 섬유로 면보다 흡습성이 뛰어나며 폴리에스터에 버금가는 내구성을 지니고 있다. 체온을 최적으로 조절해주고 박테리아의 성장을 억제하며, 면보다 피부 친화력이 13배 높은 무공해 섬유다.

D-21 커튼 고르기

공간을 좀 더 아늑하고 따뜻하게 만들어주며 쉽고 저렴하게 공간에 계절감을 불어넣어주는 것이 바로 커튼이다. 거실 커튼은 주로 소파를 중심으로 한 거실 가구들과 잘 어울려야 하고, 침실 커튼은 침구류와 매치되어야 하므로 처음부터 함께 계획하는 것이 바람직하다. 자신이 원하는 신혼집 인테리어와 잘 어울리는지를 상상하는 것이 실패 없이 커튼을 고르는 방법. 거실과 침실 외에 창문과 욕실에도 커튼을 달 것인지 체크하고 공간과 어울리는 커튼을 선택한다. 가을·겨울과 봄·여름으로 두 세트를 준비하는 것이 좋다.

D-20 패브릭 구입 vs. 패브릭 맞춤

기성품을 구입하는 것이 간편하지만 마음에 드는 디자인과 사이즈가 없다면 직접 제작하는 것도 방법이다. 동대문 종합시장이나 고속터미널 상가에 가서 원하는 디자인과 사이즈로 맞춤 제작할 수 있다.

D-19 블라인드 고르기

커튼에 비해 채광 조절이 자유롭고, 사용이 편리하다는 장점이 있는 블라인드도 안락하고 따뜻한 신혼집을 만드는 일등공신이다. 커튼보다 인테리어 효과는 덜하지만 빛을 차단하는 기능성은 뛰어나 서재나 드레스 룸, 주방 등에 많이 사용된다. 블라인드는 닫았을 때 태양광선을 어느 정도까지 차단할 수 있는지, 단열 효과는 어떤지, 창문에 커튼과 함께 설치하는지 등을 따져본 뒤 선택한다. 카탈로그나 온라인에서 고르면 실제 제품과 큰 차이가 날 수 있으므로, 살 때는 반드시 실제 샘플을 확인한 뒤 결정한다. 수평 각도를 조절함으로써 창문으로 들어오는 태양 광선의 양을 조절하는 수평형 블라인드, 따뜻하고 내추럴한 분위기를 만들어주는 우드 블라인드, 빛의 양과 실내 온도, 사람의 움직임을 감지해 자동으로 개폐되는 전동형 블라인드 등 다양한 종류가 있다. 요즘은 블라인드 대신 원단이 상하로 말려 오르고 내리는 형태의 롤 스크린도 인기다. 크기가 작을수록 활용도가 높으며, 커튼보다 빛 차단이나 방열 효과가 좋은 편. 원하는 이미지를 롤 스크린에 입힐 수 있어 인테리어 효과 또한 뛰어나다.

D-18 주방용품 구입

신부의 로망인 예쁜 주방을 채우는 그릇과 주방용품 선택에 나설 시기. 인테리어 소품 전문 쎄덱 홈을 비롯해 한샘 플래그샵과 까사미아 아웃렛에서는 테이블 웨어, 키친 웨어 등을 다채로운 디자인과 합리적인 가격대로 선보인다.

D-17 포인트 조명 고르기

벽지와 바닥 시공을 마치고 가구까지 세팅했는데도 뭔가 밋밋하게 느껴진다면 하이라이트를 줄 만한 조명을 활용해보자. 침대 헤드 위 벽면에는 은은한 간접 조명을, 주방 식탁 위에는 컬러풀한 펜던트 조명을, 거실 소파 옆에는 유니크한 디자인의 스탠드 조명 등 공간마다 어울리는 조명을 세팅하는 것. 또 액자나 화병, 디자인 오브제 등의 인테리어 소품을 적절히 활용한다면 의도했던 인테리어 콘셉트를 멋지게 완성할 수 있을 것이다. 조명 기구를 고를 때는 빛이 나오는 방향을 잘 생각해야 하며 가능한 한 점등한 상태를 확인해야 한다. 이때 매장에서 느낀 밝기보다 집에서는 좀 더 밝아 보일 수 있으므로 유의할 것. 특히 천장이 높지 않은 곳에 설치하는 샹들리에는 밝기 조절 장치를 설치하는 것이 좋다.

D-16 액자와 그림 고르기

휑한 벽면을 장식할 액자나 그림을 고른다. 비싼 미술 작품도 좋지만, 아트 포스터나 일러스트, 엽서 등을 이용해 저렴하게 꾸미는 것도 아이디어. 포토 액자 라미나(www.lamina.co.kr)에서는 결혼사진뿐 아니라 유명한 아트 작품을 인화한 프레임리스 액자를 판매하니 이를 잘 활용해볼 것.

D-15 혼수 가전 구매

혼수 가전제품 계약은 입주 15~20일 전에 하는 것이 좋다. 혼수 가전제품은 가격 변동이 심해 미리 구입하면 손해 보는 일이 생기므로 급하게 서두르지 말 것. 30일 전부터 눈여겨봤던 가전제품의 가격 변동 사항을 비교한 뒤 구매를 결정하고, 배송 일정을 체크한다. 가전제품은 가구가 들어오는 날이나 그다음 날로 배송 일정을 정한다.

D-14 인테리어 시공 완료

30일이 넘은 인테리어 시공이 완료되는 날. 확 달라진 신혼집의 이모저모를 살핀다.

D-13 베이크 아웃하기

신축 아파트 같은 새 건물이나, 레노베이션을 한 경우 상당 기간 동안 마감재에서 두통이나 알레르기를 일으키는 유해 화학물질이 나오는데, 오랜 시간이 지나면 자연적으로 사라지지만, 시간 여유 없이 입주해야 하는 경우가 문제다. 이럴 때 집 안의 모든 창문과 문을 닫고 보일러를 가동해 실내 온도를 35°C 이상으로 올려 5~10시간을 유지한 후 2시간 정도 환기시켜 유해 물질을 강제적으로 빼내야 한다. 보통 3회 이상 반복하는데 이를 베이크 아웃이라고 한다.

D-12 공기 정화 식물 구입

실내 공기 속에 있는 각종 오염 물질이나 유해 물질 등을 정화해 실내 환경을 쾌적하게 하는 식물을 공기 정화 식물이라 부른다. 새집증후군의 원인인 포름알데히드와 암모니아 등의 물질을 제거하고, 미세 먼지를 정화하며, 실내 습도 조절, 음이온 발생, 전자판 차단 등의 역할을 한다. 또 녹색 식물은 힐링 효과가 있어 집 안 분위기를 밝고 건강하게 만들어준다. 공기 정화 식물이 실내에서 제 기능을 하려면 실내 공간의 5% 정도는 차지해야 효과가 있다. 새집증후군으로 불리는 포름알데히드를 제거하는 벤자민, 암모니아를 흡수하는 관음죽, 음이온을 많이 발생하는 스파티필름, 증산작용이 좋은 테이블야자, 사무기기에서 나오는 화학물질을 없애주는 알코사이아, 가정용품에 나오는 화학물질을 흡수하는 아이비, 이산화탄소를 흡수하는 산세비에리아와 안스리움 등이 대표적이다.

D-11 입주 청소

입주 청소란 청소하기 힘든 창틀, 문틀, 싱크대, 후드망은 물론이고 공사로 인해 보이지 않은 미세 먼지, 페인트 자국 등 각종 오염 물질을 제거하고, 스팀 살균 소독함으로써 쾌적한 환경을 만들어주는 것이다. 집 크기에 따라 청소 비용이 달라지는데, $66.11m^2$(10평)~$231.40m^2$(70평)대에 10만~40만원대로 가격이 천차만별이다. 새집증후군을 제거하기 위한 피톤치드 시공은 천연 피톤치드에서 추출한 천연 오일을 이용한 것으로 항균, 살균, 탈취 효과가 있다. 청소나 바닥재 관리도 쉬워지고, 바닥재 수명도 길어지는 마루 코팅도 추천한다.

D-10 시공 업체 설명 듣기

공사 후 시공 업체의 정확하고 자세한 설명을 듣는다. 공사 전 도면을 확인하고 시공 계획을 다 들었음에도 불구하고 공사 후 달라진 부분을 모르고 지나치는 경우가 있기 때문에 완성된 공간에 대한 친절한 설명을 듣고, 의문 나는 점이 있으면 즉시 질문해 답을 얻는 것이 좋다.

D-9 하자&보수 체크

공사가 말끔하게 되지 않은 하자와 보수 부분을 꼼꼼하게 체크한다. 시공 업체는 하자와 보수 부분까지 끝까지 관리해야 하는 책임이 있으므로 입주자들이 체크한 하자와 보수 부분을 최대한 빠른 시일 내로 처리해줘야 한다.

D-8 가구&가전 배치

1차로 큰 가구와 가전부터 배송 받은 후 각 공간에 배치한다. 이때 큰 것부터 작은 것 순으로 배치하는 것이 정석. 이미 계산한 레이아웃에 따라 배치하는데, 배치한 후 동선이 불편하거나 공간이 협소하게 느껴진다면 레이아웃을 바꿔야 한다. 가전은 동선에 맞게 설치됐는지, 콘센트와의 위치는 맞는지 체크한다.

D-7 가전제품 테스트

설치한 가전제품은 작동시켜보고 문제가 없는지 체크한다. 문제가 생겼다면 시공 업체와 곧바로 상의해 보수한다. 도시가스의 경우 한국가스안전공사에 연락해 지역본부를 알아낸 뒤 설치 일정을 잡으면 된다.

D-6 짐 정리

신혼집에 들일 짐을 각자 챙겨와 어느 곳에 수납할지 계획을 짠다. 사용 빈도와 부피, 용도로 짐을 구분해 어느 곳에 수납할지 정한다.

D-5 효율적인 수납

Bedroom 의류는 옷장 구역을 나눠 종류별로 정리하는데, 거는 옷은 길이별로 가지런히 걸고 옷 아래 생기는 여유 공간에는 서랍식 수납함을 비치해 자주 입는 옷이나 속옷, 양말을 넣는다. 개는 옷은 춘하 상의, 추동 상의, 춘하 하의, 추동 하의 등 계절별, 종류별로 나눠 수납 상자에 정리하고 종류별로 그림을 그리거나 글씨로 표시해두면 꺼내 입기 편하다. 속옷과 양말은 수납상자에 한 칸씩 넣는다. 속옷과 양말, 넥타이, 스카프처럼 작아서 섞이기 쉬운 아이템은 수납상자 한 칸에 하나씩 담아 서랍에 넣어두면 구김 걱정도 없고 한눈에 보여 원하는 것을 바로 꺼낼 수 있다. 또 서랍장 남은 공간에 개는 옷을 넣을 때는 세워서 세로로 수납하는 것이 포인트. 옷을 뒤적이지 않고 쉽게 찾을 수 있으며, 훨씬 많은 양의 옷을 수납할 수 있다.

Living Room 리모컨 같은 자질구레한 소품은 바구니에 담아 거실을 깔끔하게 유지한다. 책은 북엔드를 이용해 키가 큰 것부터 작은 것 순으로 정리하고, 신발장은 신발 형태에 변형을 주지 않는 수납 상자나 2단 슈즈 랙을 이용해 정리한다.

Kitchen 접시는 필요할 때마다 하나씩 손쉽게 꺼낼 수 있도록 접시꽂이와 ㄷ자 선반을 활용한다. 공기와 대접류는 종류별로 쌓은 뒤 손잡이가 달린 트레이에 정리한다. 자잘한 주방 소품을 싱크대 문 안쪽에 정리하는 것도 아이디어. 마트에서 쉽게 구입할 수 있는 흡착 컵이 달린 도구 걸이를 이용해 국자, 집게, 솔, 수세미 등 주방 도구나 비닐봉지를 담는 천 주머니를 걸면 편리하다. 식탁 밑에 바퀴 달린 수납 박스를 넣어 수납공간을 늘이는 것도 방법이다.

Bathroom 철제 다용도 걸이와 바구니 등을 욕실 문에 매달아 세면도구를 정리하면 공간을 차지하지 않으면서 수납에도 좋다. 걸 수 있는 욕실용품은 S자 고리를 활용하고, 욕실 안 비치 도서는 스툴과 바구니를 이용하면 인테리어 효과를 얻을 수 있다.

D-4 소품과 조명, 패브릭 세팅

가구와 가전 배치가 끝나고 효율적으로 수납했다면 공간에 포인트가 되는 소품과 조명, 패브릭을 세팅할 차례. 공간의 분위기와 가구 배치 등을 고려해 적재적소에 세팅한다. 패브릭은 한 번 세탁한 후 세팅해야 깨끗하다.

D-3 입주

입주 준비를 마쳤다면 미리 전입신고를 하고 확정일자를 받을 것. 새로운 거주지로 옮기고 14일 이내에 주소지 변경 및 등록을 위한 전입 사실을 새로운 거주지 관할 기관에 신고해야 한다. 시도가 바뀔 경우 차량 변경등록 신고도 해야 한다. 주민센터를 방문해 전입신고서를 작성한 후 제출하는데, 확정일자를 받아야 하기 때문에 인터넷을 이용하는 것보다 직접 방문하는 것이 좋다. 확정일자는 주민센터 등에서 주택임대차 계약을 체결한 날짜를 확인해주기 위해 계약서에 날짜가 찍힌 도장을 찍어주는 것으로 이 도장을 받아야 법적 권리와 능력이 생긴다.

D-2 남은 짐 정리

1차 짐 정리에서 남은 자질구레한 짐은 남는 수납공간에 깔끔하게 정리한다. 집 크기와 상관없이 수납을 잘해야 집이 넓고 깨끗해 보이기 마련. 눈에 지저분하게 보이는 수납보다는 감추는 수납으로 신혼집을 정리 정돈한다.

D-1 마지막 체크

인테리어 하자와 보수 부분은 깔끔하기 처리됐는지, 아직 배송되지 않은 가구나 가전제품은 없는지, 미처 정리하지 못한 짐은 없는지 마지막으로 꼼꼼하게 체크하면 대망의 신혼집 인테리어 완성!

26
houses

닮고 싶고 따라 하고 싶은 신혼집 26

남의 집 구경만큼 재밌는 게 또 있을까? 이미 결혼한 선배들의 신혼집만 잘 살펴 봐도 자신의 첫 번째 집을 어떻게 꾸밀지 아이디어가 샘솟는다. 〈마이웨딩〉 기 자들이 발로 뛰어 찾아낸 크기별 신혼집 26군데의 포트폴리오를 소개한다. 청 출어람青出於藍하려면 지금부터 소개하는 집의 구석구석을 유심히 살펴볼 것. 큰 공사없이 기본적인 마감재, 가구, 조명, 패브릭 등을 이용해 스타일링하는 홈 드레싱인지, 기존 건축물을 개보수하고 구조변경하여 새롭게 꾸민 리모델링인지 구분하며 보는 재미가 있다.

33.05m²

오종원 + 김예진 49.58m² 15평
송권일 + 최송희 39.66m² 12평
이길재 + 오현경 46.28m² 14평
손주암 + 안주원 59.50m² 18평
배정기 + 이슬비 62.80m² 19평
민승덕 + 신경은 62.80m² 19평

10py

33.05m²(10평)대는 공간 분할과 배치를 어떻게 했느냐에 따라 체감하는 공간의 범위가 달라지기 때문에 넓은 평형에 비해 인테리어 전 계획과 구상이 중요하다. 보통 1개 또는 2개의 방과 좁은 거실, 주방, 욕실로 구성된 33.05m²대는 침실을 작은방으로 옮기고, 거실 기능을 큰방으로 옮기면 훨씬 넓고 효율적으로 사용할 수 있다. '달앤스타일'의 박지현 스타일리스트는 공간이 좁을수록 적재적소에 수납공간을 만들어 공간 구성을 효율적으로 하라고 조언한다. 침대와 소파 아래 수납장을 둬 물건을 정리하고, 현관·베란다·화장실 등의 수납장은 라이프스타일에 맞게 계획을 짜 공간 구획을 나누는 식.

오종원
김예진

시공 비용 2000만원대, 리모델링 + 홈 드레싱
시공 더디자인 070-4079-0455 www.dsgn21.com

49.58m² (15평)

조명의 변주로 개성을 살린

라이트 하우스

결혼 7개월에 접어든 오종원·김예진 부부는 세입자와 이사 날짜가 맞지 않아 결혼식을 올린 후 시댁에서 몇 달 지내면서 차근차근 인테리어를 구상했다. 신혼집은 올해로 19년 된 낡은 아파트인데다 평수도 작아 아무리 공간을 잘 배치한다 해도 신혼살림을 꾸리기에는 턱없이 부족했다. 성격이 꼼꼼한 오종원 씨의 주도하에 크기가 비슷한 집의 시공 사례를 스크랩했고, 신혼집 포트폴리오를 다수 보유한 시공 업체를 샅샅이 뒤져 견적을 의뢰했다. 부부의 시공 목적은 아늑하고 깔끔한 공간을 만드는 것. 현관문을 열면 주방 아일랜드 테이블과 간이 책상, 붙박이 수납장이 일자로 이어지고, 수납공간을 곳곳에 배치해 넓어 보이도록 공간을 구성했다. 공간이 비좁을수록 수납할 데가 많아야 되고, 개방된 수납보다는 감추는 수납을 해야 하는 것이 원칙이지만 너무 수납에만 치중하다 보면 자칫 공간이 무미건조해질 수도 있으므로 조명 선택에 심혈을 기울였다. 거실과 침실에는 독특한 프레임의 실링 라이트를 달아 포인트를 주었고, 주방의 아일랜드 테이블 위에는 디자인은 비슷하지만 크기가 다른 펜던트 조명

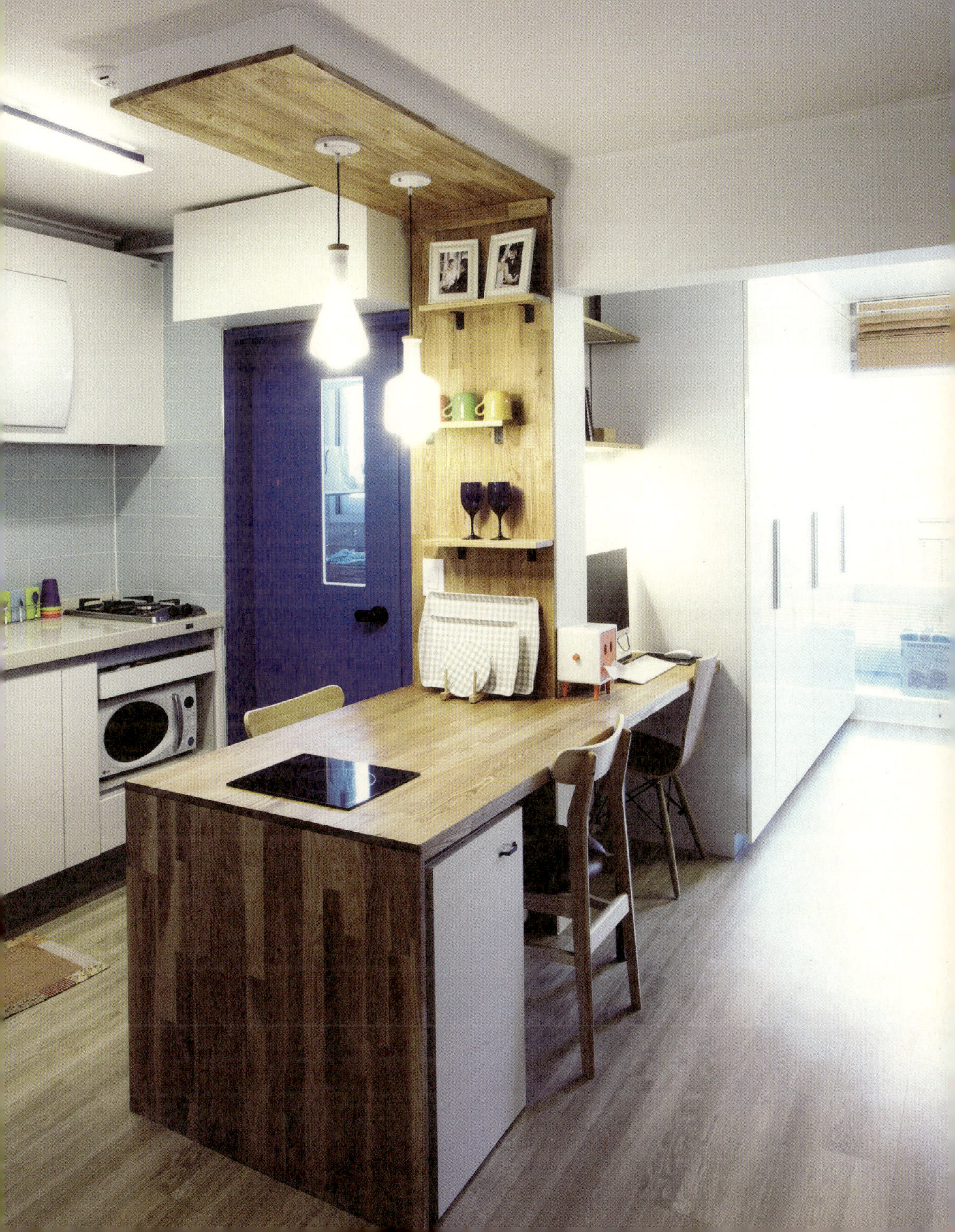

다이닝 룸과 붙박이장이 일자로 이어져 있어 좁은 공간이 넓어 보인다.

을 선택해 율동감을 더했으며, 천장에 간접 조명을 달아 아늑한 분위기를 완성했다. 흰색과 베이지색으로 꾸민 공간이 밋밋해 보이지 않도록 문에 파란색 페인트를 칠해 포인트를 준 것도 오종원 씨의 아이디어. 물에 약하고 수축과 팽창이 심한 강화마루 대신 코팅 장판을 깔아 비용을 절감하고 인테리어 효과는 두 배가 됐다. 장판 바닥재를 오랫동안 쓸 수 있도록 도와주는 코팅은 입주 청소 때 추가 옵션으로 선택한 것.

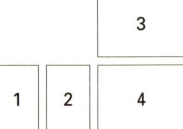

1 작은방을 침실로 꾸미고 큰방을 거실로 사용했다. 10평대 집인 경우 작은방을 침실로 사용하는 것이 공간 활용에 훨씬 효과적이다. 2 침대를 놓고 남은 공간에는 미니 화장대를 두고 수납장을 달아 깔끔하게 정리했다. 3 블루 도어와 어울리도록 민트색 타일로 시공한 주방. 4 아기자기한 소품과 액자로 세팅한 벽면 가구는 스타일리스트가 직접 제작했다.

idea 1 직접 조명, 간접 조명을 적절하게 섞기

인테리어를 하면서 부부가 심혈을 기울인 것이 바로 조명이었다. 공간이 좁을수록 조명 선택에 따라 분위기와 체감 평수가 달라진다는 것을 알았기 때문. 거실에는 오픈 구조로 된 주 조명을 설치하고, 주방 아일랜드 위에는 펜던트 조명 2개를 높낮이를 다르게 설치해 생동감 있게 연출했다. 거실과 주방 천장에 설치한 간접 조명은 빛이 벽을 향하도록 해 공간이 넓고 아늑해 보이는 효과를 준다.

idea 2 감추는 수납으로 공간 활용도 높이기

공간이 좁을수록 수납이 관건. 현관, 거실, 침실, 베란다 등 곳곳에 수납장을 설치해 감추는 수납을 했다. 현관 입구 자투리 공간이었던 보일러실에도 양쪽으로 선반을 설치해 신발과 잡동사니를 싹 정리했고, 외출 전 옷매무새를 다듬을 수 있도록 문에 전신 거울을 달았다. 본래 신발장 자리에는 상부장을 짜 넣어 수납하고, 신발이나 부츠를 편하게 신고 외출 전 가방을 올려놓을 수 있는 간이 의자를 두었다.

idea 3 블루 컬러로 포인트 주기

화이트와 우드 컬러로 꾸민 신혼집은 자칫 밋밋해 보일 수 있어 지중해 바닷가를 연상시키는 비비드한 블루 컬러로 포인트를 주었다. 침실과 화장실, 다용도실 등 집 안의 모든 문과 테두리 몰딩을 블루 컬러 페인트로 칠했고, 베란다와 화장실 수납장도 블루 손잡이를 달아 생동감 있게 꾸몄다.

idea 4 취미 생활을 응원하는 베란다 공간

베란다를 빨래나 널고, 각종 잡동사니를 쌓아두는 공간으로 사용하는 것이 아까워 오종원 씨의 취미인 커피를 만들 수 있는 미니 카페로 꾸몄다. 여행지에서 구입한 커피 용품들을 일렬로 배치하고, 오붓하게 티타임을 즐길 수 있도록 스툴과 접이식 테이블을 두었다. 반대편에는 베란다를 깔끔하게 정리할 수 있도록 각종 잡동사니를 보관하는 여닫이 수납장을 설치했다.

1	3
2	4

1 따뜻하고 아늑한 분위기의 거실은 독특한 프레임의 실링 라이트가 포인트. 2 베란다에 간이 원목 테이블과 유니온잭 스타일의 스툴을 세팅해 카페 분위기를 연출했다. 3 베란다에 꾸민 남편의 취미 공간. 벽돌을 쌓고 나무 선반을 달아 내추럴한 멋을 더했다. 4 이용되지 않는 공간이었던 보일러실은 벽에 선반을 달아 신발장으로 개조했다. 집이 작을수록 틈새 공간도 허투로 생각하지 말고 활용할 수 있는 방법을 모색할 것.

송권일
최송희

시공 비용 3314만원, 리모델링 + 홈 드레싱
시공 투앤원디자인스페이스 02-547-6606
www.2n1space.com

39.66m² (12평)

낡은 주택의 변신

레노베이션 하우스

한적한 주택가 골목, 여러 채의 단독주택들 사이에 지은 지 오래돼 보이는 2층짜리 주택이 송권일·최송희 부부의 집이다. 갓 3개월 된 신혼부부와 어울리지 않는 분위기의 낡은 외관이 사뭇 놀랍지만, 입구에 들어서면 외관과는 전혀 다른 공간이 펼쳐져 그 마음이 금세 가신다. 깔끔하면서도 아기자기한 소품을 감각적으로 배열한 주방과 거실 공간이 따로 있지 않은 신혼집은 방문을 없애고 거실로 사용하는 큰방, 채광이 좋아 분위기가 아늑한 침실로 알차게 구성해 작지만 세련되게 꾸몄다. 특히 가장 큰 문제인 수납을 완벽하게 해결해주는 곳곳의 붙박이장과 있는 듯 없는 듯한 아크릴 의자와 테이블이 인상적이다. 아무래도 공간이 좁아 최대한 '넓어 보이고' '깔끔해 보이는' 착시 인테리어에 힘을 실었다. 화이트에 레드 컬러로 포인트를 준 주방에는 상단 수납장을 설치해 자질구레한 살림살이들을 모두 넣을 수 있도록 했으며, 거실에도 침실에도 맞춤 붙박이장을 짜 넣어 최대한 수납을 많이 할 수 있도록 했다. 무엇보다 문을 떼어내고 주방과 큰방까지 하나의 공간처럼 연결한 아이디어가 눈길을 끈다.

거실이 따로 있지 않아 방문을 없애고 거실로
사용하는 큰방과 아늑한 분위기의 침실.

idea 1 다기능 가구 활용

생활에 꼭 필요하지만 공간을 많이 차지하는 가구들의 기능을 한데 모은 다기능 가구를 활용해보자. 특히 크기가 작은 신혼집이라면 상황에 맞게 변신하는 트랜스포머형 가구나 손쉽게 이동할 수 있는 가구가 공간을 넓게 쓸 수 있는 대안이 된다. 한 가지 가구가 두세 가지 용도로 쓰인다면 생활에 필요한 가구의 개수를 줄일 수 있고, 그만큼 여유 공간을 확보할 수 있다.

idea 2 마이너스 데코레이션

집이 좁다 보니 어쩔 수 없이 살림살이가 조금만 늘어도 공간이 어지러워 보인다. 거기에 장식적인 기능만 하는 소품까지 많아지면 공간이 더욱 답답하게 느껴지므로 불필요한 장식품은 최소화할 필요가 있다. 꼭 필요한 것은 선반 속으로, 불필요한 것은 애초에 구입하지 않는 것이 현명하다.

idea 3 소재 활용으로 착시 효과 주기

실제로 공간이 넓어지는 건 아니지만 시각적인 착시 효과를 주는 소재를 활용하면 좁은 집이 답답해 보이지 않는다. 유리나 아크릴 같은 소재들이 바로 그것. 투박한 나무 대신 견고하고 투명한 아크릴 소재로 만든 테이블이나 의자, 선반 등을 사용하면 본래의 역할을 하면서도 공간에 없는 듯한 착시 효과도 있어 좁은 공간이 한결 넓고 시원해 보인다.

1	2

3

1 레드 컬러 타일로 포인트를 준 주방. 주방 상단의 빈 공간에 맞춤 수납장을 달아 공간을 깨알같이 활용했다. 2 수납은 물론 책상으로도 사용할 수 있는 다기능 가구와 아크릴 소재 테이블과 의자가 거실을 넓어 보이게 하는 키포인트다. 3 침실 한쪽 벽면에도 붙박이장을 설치해 철지난 이불이나 옷을 넣을 수 있게 했다.

이길재
오현경

시공 비용 1400만원, 리모델링
시공 더디자인 070-4079-0405 www.dsgn21.com

46.28㎡ (14평)

좁은 신혼집 넓게 쓰는

톤온톤 하우스

이길재·오현경 부부의 신혼집은 두 사람을 꼭 닮았다. 따뜻한 인상을 주는 이길재 씨의 미소만큼이나 편안한 분위기를 자아내며, 예쁘장한 외모의 오현경 씨처럼 곳곳에 놓인 아기자기한 소품들이 눈길을 끈다. 그중에서도 가장 눈에 띄는 것은 좁은 신혼집을 넓게 쓸 수 있도록 한 마법 같은 몇 가지 장치다. 이들은 주방과 거실을 나누던 문을 떼어내 주방과 거실까지 하나의 공간처럼 연결하고, 뺐다 넣었다 할 수 있는 식탁을 주방 옆에 두어 공간을 최소한으로 사용했다. 폭이 좁아 3인용 소파가 들어가기 힘든 거실에는 베드형 2인용 소파를 들여 둘만의 휴식 공간으로 꾸몄고, 손님이 올 경우엔 소파 밑에 숨어 있던 또 다른 매트를 꺼내 간이 소파로 이용할 수 있도록 했다. 또 TV 장식장 대신 거실 한쪽 벽면을 모두 맞춤 붙박이장으로 짜 넣어 수납 문제를 해결했다. 그 밖에 조명을 밝게 하는 대신 삼파장 할로겐과 간접 조명으로 자연광이 들어오는 듯한 효과를 살려 전력 소모도 줄이고 포근한 분위기를 더했다. 단, 현관 입구 쪽은 좀 더 밝은 조명을 달아 집이 넓어 보이도록 했다. 특히 좁은 집일수록 어둡 화이트 컬러를 중심으로 브라운, 그린 컬러를 매치해 싱그러운 분위기가 물씬 풍기는 거실.

거나 채도가 낮은 색은 답답해 보이므로 최대한 피하고 화이트 컬러를 중심으로 라이트 브라운과 그린 컬러로 포인트를 주면 공간이 넓어 보인다.

idea 1 공간이 넓어 보이는 가구 배치법

좁은 공간에 크기가 큰 가구를 통일성 없게 배치하면 당연히 비좁아 보이게 마련. 동선에 방해받지 않도록 벽면을 따라 가구를 배치해 최대한 공간을 확보하는 것이 좋다. 또 장식장이나 소파 같이 큰 가구는 입구로부터 멀리 두고, 키 작은 소형 가구는 가까운 쪽에 두는 원근법 원리를 적용해 배치하면 공간이 훨씬 넓어 보인다.

idea 2 슬라이딩 도어 활용

현관부터 주방까지 오는 길이 좁아 중간에 위치한 방은 슬라이딩 도어로 교체했다. 미닫이문은 짐이 많아 문이 반만 열리거나 열 때마다 가구에 부딪히는 일이 없어 좁은 집에서 많이 사용하는 방법이다.

idea 3 팽창 효과 있는 그린 포인트 컬러

공간이 넓어 보이게 하는 착시 효과가 있는 컬러 중 하나인 그린을 포인트로 사용했다. 타일을 붙이거나 페인트칠을 하는 대신 곳곳에 식물을 두는 색다른 방식을 택한 것. 식물 키우는 것을 좋아하기도 하지만 공간이 넓어 보일 뿐만 아니라 집이 건조해지는 것을 막아주는 역할을 해 인테리어에 활용했다.

1	3
2	4

1 신발 수납장과 장식장 역할을 동시에 하는 맞춤 붙박이장. 2 좁은 거실에 맞춘 베드형 2인용 소파. 손님이 올 경우엔 소파 밑의 매트를 꺼내 간이 소파로 이용할 수 있다. 3 거실 한쪽 벽면을 모두 맞춤 붙박이장으로 짜 넣어 수납 고민을 가뿐하게 해결했다. 4 열 때마다 가구에 부딪히는 일이 없어 좁은 집에 너무 유용한 슬라이딩 도어.

손주암
안주원

시공 비용 1200만원, 홈 드레싱
시공 더디자인 070-4079-0455 www.dsgn21.com

59.50m²(18평)

낡고 오래된 빌라 새 옷을 입다

유니크 하우스

보광동에 위치한 오래된 59.50m²(18평) 빌라를 신혼집으로 마련한 손주암·안주원 부부는 일주일 만에 스칸디나비아 스타일로 인테리어를 끝냈다. 인터넷을 검색해 스타일링을 도와줄 스타일리스트를 선정한 뒤 콘셉트와 비용을 상의하고 인테리어에 착수한 것. 33.05m²대 신혼집의 경우 공간을 어떻게 활용하느냐가 특히 중요하다. 이 집은 방 3개와 거실, 주방이 있어 평수에 비해 구조가 복잡한 데다 주방이 다른 공간에 비해 작은 편이라 주방 옆방을 다이닝 룸으로 꾸민 것이 특징이다. 대신 다이닝 룸에 식탁과 냉장고를 두어 주방을 한층 넓게 사용하고 있다. 벽은 화이트 컬러 벽지로 도배하고 바닥은 강화마루 대신 장판을 깔아 비용을 절감했다. 대신 모든 문을 블루 컬러로 페인트칠해 포인트를 주고 커튼, 침구 등 패브릭을 컬러풀한 디자인으로 선택해 인테리어에 힘을 더했다. 가구는 신랑이 사용하던 것과 혼수로 구입한 것을 함께 세팅했는데, 오래된 가구가 새집과 어울리도록 스카이 블루 컬러로 인테리어 필름을 붙이고 리폼했다. 거실의 TV장과 다이닝 룸의 장식장이 바로 그것.

스카이 블루, 그린 컬러를 콘셉트로 잡은 신혼집 거실. 잔디 러그로 포인트를 줬다.

idea 1 그레이+블루 컬러로 꾸민 거실

그레이 컬러 패브릭 소재 소파와 사각 유리 테이블, 모던한 패턴의 커튼이 어우러져 세련된 분위기가 나는 거실. TV장은 손주암 씨가 자취할 때 사용하던 것으로 리폼한 뒤 스카이 블루 컬러 인테리어 필름을 붙여 사용하고 있다. 높이가 다른 사각 유리 테이블을 두 개 세팅한 아이디어가 색다르다.

idea 2 선반으로 꾸민 주방

주방 싱크대 상부장은 스카이 블루로, 하부장은 화이트 컬러로 페인트를 칠해 리폼했다. 싱크대 끝부분에는 블루 컬러 다리가 돋보이는 2인용 식탁을, 싱크대 맞은편은 식탁 다리와 같은 디자인의 테이블을 짜 맞춰 꾸몄다. 테이블 위에는 3단 선반을 제작해 달고 자질구레한 주방용품을 정리했다.

idea 3 다이닝 룸으로 변신한 작은방

주방 옆 작은방은 다이닝 룸으로 꾸몄다. 한쪽 벽에 블루 컬러 벽지를 바르고 선반을 단 뒤 화병과 액자를 세팅해 산뜻한 다이닝 룸 완성! 냉장고와 김치냉장고, 장식장 등도 두어 다이닝 룸이자 제2의 주방 역할을 톡톡히 하는 쓸모 있는 공간이 완성했다.

| 1 | 3 |
| 2 | 4 |

1 공간이 좁아 주방 옆 방에 마련한 블루 콘셉트의 다이닝 룸. 2 침대와 조명만을 놓아 아늑하게 꾸민 침실. 3 상대적으로 방이 좁아 화장대 놓을 자리가 걱정이었던 부부는 방과 방 사이 공간에 화장대를 배치했다. 4 스카이 블루 컬러로 톤온톤 매치한 주방.

배정기
이슬비

시공 비용 1000만원대, 리모델링 + 홈 드레싱
시공 817 디자인스페이스 02-712-1733
www.817designspace.co.kr

62.80㎡(19평)

포인트 컬러와 필름 시공으로 완성한
블루 하우스

차분하지만 개성이 강한 짙은 블루 솔리드 도어가 시선을 잡아끄는 배정기·이슬비 부부의 신혼집은 아담한 33.05㎡대 공간이지만 꽤 넓어 보인다. 시원해 보이는 블루 컬러와 깨끗하고 공간을 화사하게 연출하는 화이트 컬러가 조화롭게 어우러져 통일감 있는 공간을 완성하기 때문이다. 기존의 촌스러운 체리색 몰딩과 붙박이장을 화이트 컬러 필름으로 교체하고, 천장과 벽면 또한 화이트 컬러 벽지를 선택해 깨끗하고 넓어 보이는 공간을 완성했다. 필름은 페인트칠을 하는 것보다 시공 과정이 간편하고 비용이 적게 든다는 장점이 있다. 화이트 컬러가 넓어 보이는 착시 효과를 주지만, 모든 공간이 하얗다면 밋밋해 보이기 마련. 지중해 바다를 연상시키는 짙은 블루 컬러 필름을 모든 문에 시공해 세련된 감각을 불어넣었다. 주방은 화이트 컬러를 기본으로 모던한 블랙 타일을 믹스 매치해 포인트를 주었고, 식탁 역할을 하는 널찍한 우드 상판의 아일랜드를 설치해 주방과 거실의 경계를 만들었다. 좁은 집 인테리어의 핵심은 수납. 최대한 수납장을 많이 만들어 감추는 수납을 해야 조금이라도 집이 넓어 보인

비비드 블루 컬러 도어로 포인트를 살린 침실.

다. 소파 위에는 에어컨을 가릴 수 있게 상부장을 짜 넣었는데, 잡다한 물건까지 수납할 수 있는 일석이조의 효과를 얻었다.

idea 1 아이디어가 돋보이는 간접 조명의 기술

침대 하부에 간접 조명을 넣어 침실 공간을 아늑하게 만들었다. 신발장에도 수시로 신는 신발을 깔끔하게 보관하고 간편하게 꺼낼 수 있도록 신발장 아래에 30cm 정도 공간을 뒀는데 신발이 잘 보이도록 간접 조명을 설치한 것이 포인트.

idea 2 신혼집의 개성을 살려주는 포인트 도어

깨끗하고 넓어 보이지만 밋밋해 보일까 걱정했던 부부는 과감하게 블루 컬러 필름지로 모든 도어를 마감했다. 공간이 좁은데 색을 여러 가지 쓰면 자칫 정신없어 보일 수 있으므로 1~2가지 포인트 컬러만 사용할 것. 도어마다 귀여운 모양의 손잡이와 각 방을 나타내는 이름을 아크릴로 표시해 아기자기한 재미를 더했다.

idea 3 모던한 컬러 매치가 돋보이는 주방

화이트 컬러 싱크대에 블랙 타일로 포인트를 주어 모던하고 시크한 분위기를 연출, 기존의 아일랜드를 다시 제작해 공간의 효율성을 높였다. 아일랜드의 상판은 원목으로 제작했는데, 따뜻하고 묵직한 느낌을 줄 뿐 아니라 내구성이 뛰어나 오래 사용할 수 있다.

1	3
2	4

1, 2 깔끔한 것을 좋아하는 부부는 소파 위에도 수납장을 짜 넣어 에어컨과 각종 잡동사니를 숨겼다. 3 부부가 가장 고심해서 인테리어한 주방. 세탁기와 이어지는 널찍한 아일랜드는 식탁은 물론 조리 공간으로도 사용할 수 있다. 4 이 집의 메인 컬러는 블루와 레드. 강렬한 레드 컬러 블라인드를 설치해 스타일리시하게 꾸몄다.

민승덕
신경은

시공 비용 1200만원대, 리모델링
시공 셀프 시공

62.80m²(19평)

공간마다 다른 컬러로 생기를 더한

컬러풀 하우스

민승덕·신경은 부부는 방 2개짜리 아파트를 벽 페인트부터 바닥 시공, 가구 선택, 스타일링까지 모두 셀프 꾸몄다. 벽은 프라이머를 바르고 공간마나 나른 컬러의 페인드를 칠해 변화를 준 것이 포인트. 거실은 카키, 침실은 바이올렛, 주방은 옐로, 현관은 스카이 블루 컬러로 페인트칠해 공간마다 생기를 불어넣었다. 바닥도 부부가 직접 깔았는데, 찾아오는 이들마다 칭찬이 자자하다고. 작은 공간을 효율적으로 활용할 수 있도록 현관 맞은편에 위치한 큰방은 멀티 룸으로, 현관 옆의 작은방은 침실로 꾸몄다. 거실, 컴퓨터방, 드레스 룸으로 만든 멀티 룸은 베란다를 확장한 뒤 붙박이장을 짜 넣었고, 그린 컬러 패브릭 소파 위에는 각도를 조절할 수 있는 블랙 철제 스탠드를 달아 아늑한 느낌을 더했다. 큰방은 미닫이문을 없애고 베란다를 확장해 TV를 볼 수 있는 거실이자, 컴퓨터를 하는 공간, 살림살이를 수납할 수 있는 만능 공간으로 만들었다. 부부는 작은 집을 꾸밀 때는 가구 선택이 무엇보다 중요하다며 크기가 작은 단품을 선택해 아기자기한 멋을 더할 것을 권한다.

카키를 메인 컬러로 꾸민 거실. 커튼을 사이로 소파를 둔 휴식 공간, 책을 보거나 업무를 처리하는 서재 공간으로 나눴다.

idea 1 거실, 컴퓨터 룸, 드레스 룸으로 만든 멀티룸

미닫이문을 없애고 베란다를 확장한 뒤 붙박이 장을 짜 넣어 멀티룸으로 만든 큰방. 그린 컬러 패브릭 소파 위에는 각도 조절이 가능한 블랙 철 제 스탠드를 달아 아늑한 느낌을 더했다.

idea 2 다양한 컬러 패브릭으로 꾸민 침실

침실은 침대와 서랍장만 둬 심플하게 꾸몄다. 바 이올렛 벽면과 어울리도록 은은한 플라워 패턴 침구를 깔고 창가에는 커다란 블랙 패턴의 패브 릭으로 커튼을 만들어 달아 포인트를 줬다. 침 구는 계절이 바뀔 때마다 교체해야 집 안 분위기 가 바뀐다.

idea 3 아기자기한 소품으로 꾸민 주방

주방은 시공 업체에 맡겼는데, 심플하면서 수납 공간을 넉넉하게 설치해줄 것을 요청했다. 신경 은 씨가 요리를 좋아해 자질구레한 주방 살림이 많았기 때문. 상하부 싱크대를 짜 넣고 식탁 대 신 수납공간이 넉넉한 아일랜드 테이블을 설치했 다. 싱크대 맞은편, 세탁실은 마리메꼬에서 구입 한 패브릭을 동대문종합시장 지하 1층에서 로만 셰이드(상하로 층층이 접을 수 있도록 만들어 커 튼을 대신하여 쓰는 물품)로 만들어 달았다.

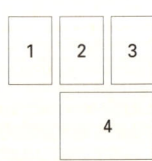

	1	2	3
		4	

1 옐로 컬러로 따뜻하게 꾸민 주방은 컬러풀한 주방 소품이 어우러지며 한결 분위기를 살려준다. 2 6단 우드 서랍장과 라임 컬 러 스탠드 조명으로 포인트를 준 침실. 3 바이올렛 컬러로 꾸민 침실은 자연을 모티프로 한 침구류를 세팅했다. 4 부부가 함께 사용하는 2인용 책상을 둔 서재. 집중력을 높일 수 있도록 책상 위에는 아무것도 두지 않고, 왼쪽 서랍장 위 선반에 일목요연하 게 수납했다.

66.11m^2

고은수 + 김소진 92.56m^2 28평
바주영 + 이효리 66.11m^2 20평
김창기 + 전윤영 72.72m^2 22평
안병호 + 심수연 79.33m^2 24평
서형민 + 심혜연 82.64m^2 25평
박수영 + 조은주 85.95m^2 26평
장희엽 + 정주희 92.56m^2 28평
김민수 + 신송희 95.86m^2 29평

20py

신혼부부들이 가장 선호하고, 많이 선택하는 66.11m^2(20평)대는 2~3개의 방과 좁은 거실, 주방, 그리고 구조에 따라 1~2개의 욕실로 구성돼 있다. 주로 침실 외에 서재나 여가를 즐기는 멀티 룸, 게스트 룸, 드레스 룸 등으로 용도를 나눈다. 66.11m^{2}대는 수납을 얼마나 효율적으로 했는지가 관건. 구석구석 수납공간을 만들어 깔끔하게 정리하면 16.52m^2(5평) 정도의 확장 효과를 누릴 수 있다. 인테리어 시공 업체 '공간을 만나는 방법'의 김소진 스타일리스트는 신혼집의 경우 새집처럼 만드는 것에만 치중해 디테일한 스타일링에는 신경 쓰지 못하는 경우가 많은 걸 아쉬워한다. 침구와 쿠션 같은 패브릭, 포인트 벽지, 실사 프린트 등만 잘 활용해도 집 안 분위기는 180도 바뀐다고 조언한다.

고은수
김소진

시공 비용 150만원대, 홈 드레싱
시공 공간을 만나는 방법 blog.naver.com/secret1519

92.56m² (28평)

공간별 콘셉트를 정하다

크로스오버 하우스

'공간을 만나는 방법(blog.naver.com/secret1519)'이라는 인테리어 리모델링 사무실을 운영하고 있는 고은수·김소진 부부는 한적한 김포 장기동 한강신도시에 신혼집을 마련했다. 부부는 전셋집이라면 큰돈을 들이지 않고 공간을 꾸며야 시간이 지나도 후회하지 않는다고 믿고 집을 꾸몄다. 우선 공간별로 콘셉트를 정하는데, 모던, 클래식, 스칸디나비아, 프로방스, 빈티지 등으로 콘셉트를 정하거나, 평소에 눈여겨본 카페나 호텔, 잡지에서 스크랩한 집 등을 찾아 따라 하면 도움이 된다는 게 그들의 조언. 도배와 바닥, 몰딩이 깨끗할 경우 그대로 사용하고 대신 가구나 패브릭으로 포인트를 주는 것도 방법이다. 인테리어의 기본은 가구나 전자제품을 제대로 배치하는 것에서 시작하므로, 집 도면을 구해 옷장, 침대, 냉장고, 세탁기 등 가구를 배치해본다. 부부는 침실은 지중해풍, 주방과 욕실은 모던, 거실은 내추럴로 콘셉트를 정하고 꾸몄다. 새집이라 도배와 바닥은 손을 대지 않고 가구와 패브릭에 신경을 썼다. 거실은 고은수 씨가 직접 만든 거실장을 두고 그 위에 TV와 두 대의 컴퓨터를 설치했다. 맞은편에

내추럴 콘셉트로 세팅한 거실은 소파를 두지 않고 소파 베드와 패치워크 암체어로 아늑하게 연출했다.

는 소파 베드와 암체어를 놓아 카페처럼 연출했다. 거실과 이어진 주방은 직접 만든 블랙 아일랜드 테이블과 인터넷에서 구입한 사각 식탁을 함께 세팅하고 벽에 라인테이프로 그림을 그려 포인트를 주었다. 침실은 화이트 침구와 캐노피, 벼룩시장에서 구입한 라탄 테이블과 의자로 지중해풍으로 꾸몄다. 조명을 교체하면 집 안 분위기가 살지만 매립형 조명과 천장을 뜯어내야 하는 조명이 많아 그대로 사용하고 펜던트 조명을 곳곳에 설치해 아늑함을 더했다.

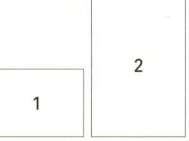

1 침실은 깨끗한 화이트 침구와 캐노피, 벼룩시장에서 구입한 라탄 테이블과 의자를 세팅해 지중해풍으로 꾸몄다. 2 주방과 다이닝 룸은 모던하고 임팩트 있게 꾸미고 싶었다는 부부는 직접 만든 블랙 아일랜드 테이블과 고급스러운 원목 테이블을 세팅하고 벽에 라인테이프로 그림을 그려 포인트를 줬다.

idea 1 원목과 패브릭으로 카페처럼 연출한 거실

고은수 씨가 만든 거실장과 소파 베드로 자연스러움을 살린 거실. 빈티지 암체어와 펜던트 조명을 세팅해 카페처럼 꾸몄다. 소파 베드 위에 쿠션과 스프레드를 세팅하고 바닥에 파스텔 톤 카펫을 깔아 아늑한 분위기를 더했다. 벽을 장식한 그림은 파인아트를 전공한 김소진 씨가 그린 것.

idea 2 동선을 고려해 가구를 배치한 작업실

최근 가구 만드는 재미에 푹 빠진 고은수 씨와 그림 그리기가 취미인 부부는 작업실을 함께 사용하는 시간이 늘었다. 둘이 함께 작업실을 사용해도 불편하지 않도록 작업실의 동선을 효율적으로 짜는 데 신경을 썼다. 창가에 커다란 작업대를 두어 부부가 마주 보고 작업할 있도록 하고, 옆에는 선반을 설치해 작업 도구를 수납했다. 원목으로 상판을 만든 뒤 이케아에서 구입한 테이블 다리를 달아 만든 작업대와, 이케아 철제 선반 두 개에 원목 패널을 올려 만든 선반을 눈여겨볼 것.

idea 3 산뜻한 지중해풍 공간

침실을 꾸밀 때 가장 중요하게 생각한 것은 아늑함이다. 침대는 매트리스만 두고 화이트와 네이비 컬러 침구에 화이트 컬러 캐노피로 심플하게 꾸몄다. 캐노피는 동대문에서 리넨을 사서 만든 것으로 끝단 처리를 하지 않고 자연스럽게 내려뜨렸다. 침대 옆에는 벼룩시장에서 구입한 라탄 테이블과 의자를 세팅해 리조트 같은 휴식 공간을 만들었다.

idea 4 블랙 타일로 만든 아일랜드 테이블

고은수 씨가 만든 아일랜드 테이블은 목공소에서 원목을 주문해 프레임을 만든 뒤 상판에 블랙 타일을 붙이고 아랫부분은 망사 천을 씌워 만든 것. 상판 한쪽에 커다란 화분을 매립한 아이디어가 독특하다. 아일랜드 테이블 앞에는 원목 식탁과 채플린과 트위기가 프린트된 아크릴 의자를 놓고 레일 조명을 달아 아늑한 분위기를 냈다.

1	3
2	4

1 욕실 커튼과 마 소재 바구니를 세팅해 모던한 분위기를 살린 욕실은 바닥에 원목 발판을 깔았다. 2 부부가 함께 사용하는 2인용 책상은 직접 제작한 것. 3 부부의 반짝반짝 아이디어가 돋보이는 냉장고. 사진을 실사 프린트해 밋밋한 냉장고에 입혔다. 4 부부가 공동으로 사용하는 작업실은 동선을 최대한 고려해 가구를 배치했다.

박주영
이효리

시공 비용 1500만원대, 리모델링
시공 아르떼인테리어 031-294-1114 www.artedesign.kr

66.11m²⁽²⁰평⁾

효율적인 공간 분할로 확장 효과를 극대화한

콤팩트 하우스

거실과 주방, 방 2개, 베란다 1개, 욕실 1개와 다용도실로 구성된 박주영·이효리 부부의 신혼집은 두 사람이 살기에 부족함이 없는 콤팩트한 공간이나. 거실과 주방으로 이어지는 중심 공간, 침실과 드레스 룸으로 사용하는 방, 식물을 키우고 휴식을 취할 수 있는 간이 공간으로 활용하는 베란다 등 나름의 역할 분할이 확실하고, 공간 곳곳을 효율적으로 나누어 활용한 아이디어가 빛을 발한다. 출입구 옆에 간이 벽을 세워 공간을 만들고 그 사이에 가로로 원목 판을 올려 작은 책상으로 활용한 것과 침실 한쪽 구석 역시 간이 벽을 세우고 화장대를 설치한 것 외에도 주방 식탁 뒤로 간이 벽을 세워 냉장고를 놓은 게 바로 그것. 따로 작업실이나 메이크업 룸을 만드는 대신 간이 벽을 활용해 틈새 공간을 활용하고 시각적으로도 깔끔하게 보이는 효과를 누리기 위해서다. 또 하나 공간 전체를 관통하는 간접 조명으로 통일성을 살렸다. 할로겐 등을 설치하기 위해 천장을 내리면 전체적으로 집이 좁아 보이기 때문에 간접 조명을 선택했는데 거실과 주방을 잇는 긴 직선 디자인이 인테리어 효과까지 높여준다.

구조적 형태의 천장은 인테리어 효과뿐 아니라 간접 조명 효과까지 거둘 수 있다.

idea 1 화이트&우드 톤으로 통일

화이트&우드 톤은 내추럴하면서도 깔끔한 분위기를 주기 위해 선택했다. 거실에서 바라봤을 때 보이는 방은 주방의 원목 색상에 맞춰 우드 문양의 필름을 붙였고, 주방에서 바라봤을 때 보이는 침실 문은 거실 색상에 맞춰 화이트 컬러로 통일했다.

idea 2 공간 곳곳에 간접 조명 설치

거실과 주방, 침실까지 천장을 관통하는 긴 직선을 따라 간접 조명을 설치해 공간이 넓어 보인다. 천장 외에도 침실의 침대 헤드에도 간접 조명을 이용했는데, 은은한 간접 조명 효과는 물론 침대 프레임 역할까지 한다.

idea 3 가벽을 세워 공간 만들기

가벽을 세운 이유는 두 가지다. 공간 분할로 새로운 공간을 만드는 것과 벽 뒤로 물건을 수납해 깔끔하게 보이기 위해서다. 침대 옆으로 가벽을 세워 붙박이 화상대를 넣고, 서실 한쪽으로 컴퓨터를 놓을 수 있는 미니 작업실을 만드는가 하면, 주방에는 냉장고를 보이지 않게 하기 위한 가벽을 세웠다. 가벽은 모두 화이트나 우드 톤으로 전체 분위기에 맞게 통일했다.

1	2	4
3	5	

1 집 전체 콘셉트인 화이트&우드 톤에 맞춰 꾸민 주방. 2 타일을 깐 베란다에서는 가드닝이 가능한 것은 물론 추후 테이블을 놓아 휴식 공간으로 꾸밀 예정. 3 누워서 책을 볼 수 있도록 침대 위로 조명을 설치한 아이디어가 돋보인다. 4 출입구 옆으로 가벽을 세우고 테이블을 놓아 탄생한 콤팩트한 작업 공간. 5 거울 사이즈에 맞춰 가벽을 세워 화장을 할 수 있는 공간을 만들었다.

김창기
전윤영

시공 비용 1900만원, 리모델링 + 홈 드레싱
시공 더존 인테리어 070-8747-1162

72.72㎡ (22평)

다양한 패턴과 컬러가 공존하는

내추럴 그린 하우스

결혼 2년 차 김창기·전윤영 부부의 집이 조화롭고 감각적인 데는 그만한 이유가 있다. 인테리어 일을 하는 남편이 디자인을 맡고, 홈 드레싱 솜씨가 있는 아내가 그에 어울리는 가구와 소품을 채워 마법 같은 공간을 탄생시키기 때문. 인테리어 베테랑 부부의 완벽한 호흡이 돋보이는 첫 번째 신혼집은 많은 매체에 소개됐을 정도로 이목을 끌었다. 하지만 살수록 아쉬운 점이 생겼고, 부부는 두 번째 집에 모든 열정을 쏟아냈다. 컬러풀하고 아기자기한 스타일을 좋아하는 아내의 취향을 적극 반영한 새집의 콘셉트는 '패턴과 컬러가 조화롭게 어우러진 러블리한 공간'이다. 화이트와 우드를 중심 컬러로 선택해 집이 화사하면서 넓어 보이고, 상큼한 신혼 분위기를 살리기 위해 그린 컬러로 포인트를 줬다. 자연 모티프, 기하학, 지그재그 등 다양한 스타일의 패턴이 가미된 패브릭과 소품을 활용한 것도 매력 포인트. 자투리 공간을 활용한 맞춤 수납장도 주목할 만하다. 잠들기 전 책 읽는 것을 좋아하는 부부는 침대에 책꽂이를 달았고, 일어설 필요 없이 스위치 하나로 끌 수 있는 독서용 등을 따로 달아 편리함을 더했다. 또 곧 태

일어설 필요 없이 스위치로 끌 수 있는 독서용 등과 침대에 책꽂이
공간을 마련해 잠들기 전에 독서를 즐기는 아내의 취미를 배려했다.

어날 아기를 생각해 턱을 없앤 슬라이드 도어를 장착해 불편함을 없애고 여닫이문의 자투리 공간을 줄였다. 곳곳에 아내와 아기를 배려한 남편의 자상한 인테리어 센스가 묻어나는 신혼집에는 해피 바이러스가 가득하다.

idea 1 파스텔 컬러 타일로 꾸민 주방

공간이 협소해 변형을 주기 어려운 구조이지만 상단 선반을 없애고, 벽면을 그린 컬러 타일로 장식해 심플한 주방을 완성했다. 디자인이 예쁜 주방용품을 눈에 보이게 수납해 아기자기한 재미를 느낄 수 있다.

idea 2 자투리 공간을 활용한 수납

쓸모없이 버려지는 공간이 없도록 숨은 공간을 알차게 활용하는 것이 포인트. 화장실 앞 코너의 빈 공간에 맞춤 선반을 짜 넣어 수건이나 휴지를 수납하거나, 침대와 벽 사이 비는 공간에는 책을 올려둘 수 있는 선반을 짜 넣었다.

idea 3 포인트 컬러 활용

공간을 시원하고 넓어 보이게 하는 요소로 팽창 효과가 있는 컬러만 한 것이 없다. 일단 기본 컬러는 화이트나 아이보리 같은 밝은 색으로 선택한 후 공간이 뒤로 물러나 보이는 착시 효과를 주는 블루나 그린 컬러를 더하면 그 효과는 배가 된다. 단, 밝은 컬러도 여러 가지를 동시에 쓰면 답답해 보이므로 한두 컬러로만 강약을 조절할 것.

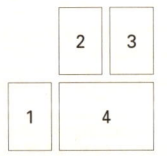

1 화이트 컬러를 중심으로 공간을 넓어 보이게 하는 블루와 그린 컬러를 조화롭게 사용한 거실. 2 화장실 앞 코너의 빈 공간도 놓치지 않고 수납공간으로 활용한 아이디어가 기발하다. 3 디자인이 예쁜 주방용품을 눈에 보이게 수납하는 방법으로 특별한 주방 인테리어를 시도했다. 4 컬러 플레이로 넓어 보이는 효과가 있는 주방. 화이트와 밝은 우드 톤에 그린 컬러를 매치해 화사하면서도 상큼해 보인다.

안병호
심수연

시공 비용 1000만원대, 홈 드레싱
시공 더디자인 070-4079-0455 www.dsgn21.com

79.33m²⁽²⁴평⁾

자연 모티프를 적극 활용한

에스닉 하우스

작년 9월에 결혼한 깨소금 부부 안병호·심수연 씨는 4대가 함께 사는 주택에 신접살림을 차렸다. 가족이 한데 모여 살 계획으로 구입한 주택은 동생 부부가 사는 반지하, 조부모님과 살고 가족 공통 공간이 있는 1층, 시부모님과 안 씨 부부가 사는 2층까지 총 3개 층으로 구성됐다. 대가족이 함께 사는 공간이지만 둘만의 달콤한 신혼 생활을 즐길 수 있는 이유는 79.33m²의 독립 공간에 신혼살림을 꾸몄기 때문이다. 벽난로가 있고 채광 좋은 넓은 거실, 화장실, 침실, 다용도실로 구성된 부부만의 공간이 있어 깨소금 냄새 솔솔 풍기는 신혼의 재미에 푹 빠져 있다. 가급적 기존의 구조를 살리고 홈 드레싱만으로 단장한 이 집의 콘셉트는 자연 모티프를 적극 활용해 생기 있는 분위기를 연출한 것. 벚꽃을 모티프로 한 조명과 운치 있는 벽난로는 그대로 살리고 에스닉 무드의 가구와 쿠션, 액자, 나무 패널, 꽃과 나무 등 자연 소재를 믹스 매치해 알뜰하게 꾸몄다. 나무 질감을 그대로 살린 테이블과 벽면을 장식한 나무 패널 역시 자연의 분위기를 더하는 역할을 톡톡히 한다. 거실이 생기 있고 발랄한 에스닉 분위기라면, 침

넓은 공간에 천장이 높은 거실은 자연을 모티프로 한 가구와 소품으로 적절하게 믹스 매치해 에스닉한 분위기로 연출했다.

실은 모던하면서 내추럴하다. 파스텔 민트 벽지를 바르고 내추럴 우드 가구를 배치해 편안하면서 부드러운 분위기를 완성했고, 한쪽 벽면 전체에 붙박이장을 설치해 수납 고민을 해결했다.

idea 1 핸드메이드 액자로 공간 분위기 업

에스닉 하우스의 분위기를 주도하는 것은 단연 곳곳에 배치한 액자다. 두꺼운 자작나무 합판 프레임으로 만든 핸드메이드 액자는 더디자인 정진경 실장이 직접 제작한 것. 철지난 벽지의 샘플북을 오려 사용하거나, 해외여행 때 구입한 그림이나 일러스트를 프린트해 저렴하게 액자를 만드는 것도 그녀의 아이디어다.

idea 2 자연을 모티프로 한 가구와 소품 연출

천장이 높아 유난히 넓어 보이는 거실은 여러 개의 가구와 소품을 믹스 매치해 완성도를 높였다. TV장과 소파를 기준으로 에스닉 프린트 의자와 라탄 스툴, 컬러풀한 쿠션을 적절하게 배치해 자연을 집으로 들인 듯한 생기 넘치는 힐링 공간으로 꾸몄다.

idea 3 다용도실에 마련한 수납+서재 공간

침실을 지나면 세탁기를 놓은 다용도실이 있는데, 디자인 러스를 이용해 공간을 분리하고 수납 공간과 서재를 마련했다. 붙박이장은 문 유무에 따라 가격 차이가 많이 나 과감하게 문을 포기하고 블라인드로 대체했고, 중앙에 컴퓨터를 놓아 미니 책상으로 꾸몄다. 모자 수집광인 안병호 씨를 위해 창문 아래에는 네트 망을 달고, 모자용 행어를 걸어 일목요연하게 정리했다.

2	3
1	4

1 다용도실에 마련한 미니 서재와 맞춤 수납 공간. 2 기존에 있던 벽난로를 살려 운치있는 공간을 완성했다. 3 캐노피를 달아 로맨틱하게 꾸민 침실. 4 반대쪽 거실 벽면은 질감이 살아 있는 나무 패널과 반구 모양 조명을 세팅해 내추럴하게 꾸몄다.

서형민
심혜연

시공 비용 1500만원, 홈 드레싱
시공 스타일by혜나 blog.naver.com/carmel82

82.64㎡(25평)

다채로운 패턴과 컬러가 어우러진

비비드 하우스

대학 동기로 처음 만나 11년이라는 오랜 시간 동안 함께하며 사랑을 이어온 서형민·심혜연 부부는 '집 안에 들어왔을 때 활력을 주는 집'을 신혼집 콘셉트로 잡았다. 집을 생기 있고 활기 넘치게 꾸미기 위해 부부는 도트, 체크, 격자, 지그재그, 기하학 등 밋밋한 공간에 생동감을 불어넣어주는 다양한 패턴의 패브릭과 다채로운 컬러의 조합으로 힘을 줬다. 거실은 컬러풀한 색감의 그림 액자와 블루 컬러 소파, 유려한 디자인의 테이블, 반복 패턴의 컬러 쿠션으로 포인트를 줘 화사하고 생기 있는 분위기가 감돈다. 침실은 우드를 배제하고 블루, 화이트 컬러의 패브릭 커튼을 달아 편안하고 여유로운 공간으로 완성했다. 책을 좋아하는 서형민 씨의 오랜 염원이었다는 서재는 ㄷ자 구조의 가구를 배치해 수납 기능을 더했다. 워낙 공간이 비좁아 기성 가구를 들이는 것이 비효율적이라고 판단해 보다 많은 책을 수납할 수 있도록 가구를 맞췄다. 나란히 앉을 수 있는 책상은 부부가 가장 좋아하는 공간으로, 체크 패턴의 쿠션을 매치해 스타일리시하게 꾸몄다. 심혜연 씨의 로망을 담아 꾸민 파우더 룸은 펄이 가미된 에메랄드 벽지

바 테이블을 들여놓은 거실 베란다.

와 화려한 샹들리에, 우아한 문양의 몰딩 거울, 클래식한 무드의 화장대 등으로 로맨틱한 스타일로 완성했다.

idea 1 컬러풀한 색감으로 활기 넘치는 거실과 주방

주방이 협소해 2인용 식탁을 따로 제작하고 그에 맞춰 거실의 소파까지 블루 컬러로 맞춰 제작했다. 쿠션과 액자, 커튼까지 화려한 컬러를 사용해 포인트를 주고, 러그와 거실 테이블은 화이트와 크림 톤으로 힘을 빼 포인트 컬러가 더욱 도드라져 보이도록 했다.

idea 2 심플하게 꾸민 침실

무엇보다 편안함이 가장 중요한 침실은 화려하게 꾸미기보다는 무난한 컬러인 화이트와 블루 컬러를 선택했다. 기하학 패턴의 커튼은 자칫 밋밋해 보일 수 있는 공간에 포인트가 된다.

idea 3 ㄷ자 구조의 서재

많은 책을 수납할 수 있는 책장을 원했다는 서형민 씨는 서재로 선택한 작은방이 협소해 키가 낮은 책장과 ㄷ자 구조의 맞춤 가구를 배치했다. 다이아몬드 패턴 쿠션을 세팅해 딱딱한 서재 분위기를 캐주얼하게 연출했다.

2	3
1	4

1 큰 전신 거울과 클래식한 화장대로 스타일리시하게 꾸민 드레스 룸. 2 기하학 패턴의 오렌지 컬러 커튼이 스카이 블루 소파, 그린 컬러의 조명과 어우러져 화사한 거실 분위기가 완성됐다. 3 원목 침대를 세팅하고 북유럽풍 커튼으로 멋을 낸 침실. 4 부부가 함께 사용하는 서재는 수납 기능이 있는 붙박이 의자를 제작해 일하면서 쉴 수 있게 만들었다.

박수영
조은주

시공 비용 2000만원대, 리모델링
시공 한성아이디 www.hansungid.com

85.95m²(26평)

패턴과 톤을 통일한

시크 하우스

과하지 않은 컬러, 심플한 소품 배치, 전반적인 톤과 매너의 조화 등 감각적인 인테리어가 매력적인 이 신혼집은 디자이너 부부의 공간이다. 결혼 2년 차인 두 사람은 갓 돌이 지난 아이와 함께 사는 알콩달콩 신혼집을 꾸몄다. 소품을 매치하는 감각이 남다른 조은주 씨와 집 안 곳곳의 그래픽 요소를 직접 디자인하는 박수영 씨가 한마음으로 꾸민 신혼집은 아직도 완성해가고 있는 중이다. 첫 신혼집을 떠나 이곳으로 거처를 옮긴 지 그리 오래되지 않아 아직 공간이 100% 완성되지는 않았지만 부부의 애정과 관심으로 하나둘씩 채워가고 있다. 부부는 화이트와 그레이 톤을 기본으로 북유럽 스타일의 조명, 오브제, 액자 등의 데커레이션으로 깔끔한 공간을 연출하는 데 중점을 두었다. TV가 놓인 거실에는 3인용 소파와 1인용 의자 외에는 특별한 가구를 놓지 않아 여백의 미를 살렸고, TV나 홈시어터 등을 매립해 깔끔하게 처리했다. 출입구 옆으로 사이사이 비어 있는 독특한 스타일의 가벽을 세워 거실과 공간을 구분하면서도 양쪽을 볼 수 있도록 했다. 무엇보다 시공 때 가장 많은 비용을 투자한 공간은 바로 주방이

모노톤에 블루 체어로 색상 포인트를 주고
패브릭과 조명의 패턴을 통일한 거실 풍경.

다. 공간을 넓게 차지하던 싱크대와 아일랜드 테이블을 뜯어내고 그 자리에 넉넉한 4인용 식탁을 놓았고 싱크대는 주방 안쪽으로 재배치해 공간의 효율성을 높였다.

idea 1 주방의 재배치

공간을 넓게 차지하던 싱크대를 뜯어내고 그 자리에 4인용 식탁을 놓았다. 기존에 있던 아일랜드 테이블은 좁아서 활용도가 낮을 뿐 아니라 아이가 쓰기에 높아 맞춤형 식탁이 필요했던 것. ㄱ자 원목을 제작해서 한쪽 턱 위에 올려놓는 방식으로 붙박이가 아니라 언제든 원하는 곳으로 옮길 수 있게 식탁을 만들었다.

idea 2 침대 프레임 대신 턱 만들기

한쪽에 책을 놓을 수 있도록 낮게 설치된 침대 프레임과 별도로 침대 맡에 턱을 만들었다. 그 위로 조명이나 액자 등을 올려놓을 수 있는 공간을 만들기 위해서다. 현재 머리맡 턱에는 두 사람이 좋아하는 디자이너인 도나 윌슨의 카드를 넣은 액자가 나란히 서 있다

idea 3 믹스&매치 월 데코레이션

심플함을 추구한다지만 아무것도 없는 벽면은 허전하기 마련이다. 크기가 다른 액자와 패브릭, 종이 등 소재가 다른 것들을 비대칭으로 달아서 벽을 감각적으로 완성한 아이 방의 월 데코레이션이 눈길을 끈다.

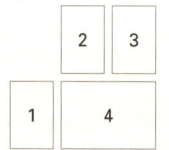

2	3
1	4

1 이제 막 돌이 지난 아들을 위한 공간. 2 집 안에 들어서면 가장 먼저 보이는 주방 모습. 3 햇살 모양의 벽시계, 새 모양의 오브제를 걸어 밋밋한 벽에 포인트를 줬다. 4 침실은 간결한 소품과 조명으로 심플하면서도 아늑하게 연출했다.

| 장희엽 | **시공 비용** 1900만원, 리모델링 + 홈 드레싱 |
| 정주희 | **시공** 셀프 시공 |

92.56m² (28평)

꽃과 소품으로 완성한

프렌치 하우스

마치 유럽의 어느 빈티지 소품 가게에 들어선 듯한 기분이 들게 하는 장희엽·정주희 부부의 신혼집은 오롯이 두 사람만의 이야기로 가득해 너욱 특별하다. 개성 넘치는 부부의 취향을 노련하게 풀어낸 신혼집은 공간 배열에서부터 가구와 소품 배치까지 여느 집과 비슷하지 않은 독특한 오라를 뿜어낸다. 파리 유학 시절 만나 6년간 연애한 그들의 추억이 담긴 소품들과 플라워 스튜디오 보떼봉떼를 운영하는 플로리스트 정주희 씨의 손길이 담긴 화사한 꽃 장식이 바로 이 집의 키포인트로 집 안에 들어서는 순간 기분이 즐거워진다. 부부의 라이프스타일을 모두 반영하기에 그리 크지 않은 공간이라, 레이아웃도 신경을 많이 썼다. TV를 보기에 폭이 좁은 거실을 다이닝 룸으로 꾸미고, 주방에서 이어지는 큰방을 거실, 바로 옆 작은방을 드레스 룸, 빛이 잘 들어오는 창고를 침실로 교체했다. 특히 큰방으로 들어간 거실은 책도 읽고 작업도 하는 둘만의 프라이빗한 멀티 룸으로 재탄생했으며, 집의 중심에 자리한 주방을 시원하게 터 개방감을 살렸다. 일자형 주방에서 실용성을 높여주는 아일랜드 식탁은 공간을 분할하는 역할

꽃과 아기자기한 소품들이 어우러져 독특한 분위기를 연출
하는 거실. 소파 맞은편은 TV 대신 벽난로 장식으로 꾸몄다.

을 하고, 식사를 준비하거나 플로리스트 정주희 씨가 작업하는 작업대가 되기도 하고, 조명을 켜면 다이닝 룸 못지않은 카페로 변신한다.

idea 1 꽃으로 하는 인테리어 스킬

꽃은 그 자체로도 아름답지만, 공간을 돋보이게 하는 장식으로도 훌륭하다. 하지만 꽃 연출에 부담을 느끼게 마련인데, 어렵게 생각할 필요가 없다. 꽃을 많이 꽂지 않아도 되는 입구가 좁은 화병을 이용하면 연출하기도 쉽고, 또 굳이 완성된 하나의 작품이 아니어도 한두 송이나 초록 잎사귀 몇 가닥만 꽂아도 집 안 분위기가 한결 화사해진다.

idea 2 거실의 변신

둘만의 아지트 같은 멀티 룸으로 재탄생한 거실은 휴식 공간이자 책을 읽는 서재이며, 또 각자의 일을 하는 작업실이 되기도 한다. 자연스럽게 부부가 가장 오랜 시간을 보내는 공간이 되었다.

idea 3 개성을 담은 맞춤 가구

거실 공간을 다이닝 룸으로 바꾸기로 결정한 뒤 무엇으로, 어떻게 꾸며야 할지 막막했던 부부는 맞춤 가구를 선택했다. 기성품보다는 비싸지만 사용자의 취향을 반영한 세상에 하나뿐인 가구를 가질 수 있다는 의미를 담은 것. 거실 공간에 맞게 기성품보다 10cm 정도 높게 타원형 테이블을 주문 제작하고 거기에 남편이 수집한 개성만점 의자를 놓아 이국적인 분위기를 완성했다.

| 1 | 3 |
| 2 | 4 |

1 플로리스트 아내의 감각적인 손길로 집 안 곳곳을 장식했다. 2 유니크한 스피커를 선반으로 이용한 아이디어가 돋보인다. 3 요리하는 곳이기도 하고 아내의 작업실이기도 한 주방. 4 아르네 야콥센, 찰스 임스 등 세계적인 디자이너들의 디자인 체어로 감각적인 인테리어를 완성한 부부의 다이닝 룸.

김민수 **시공 비용** 4000만원, 리모델링
신송희 **시공** 디자인랩 02-2252-9039 blog.naver.com/pinball29

95.86㎡ (29평)

블랙&화이트로 꾸민 미니멀한 공간

스튜디오형 하우스

모던한 인상을 주는 이 신혼집은 20년이 넘은 오래된 아파트를 리모델링한 것이다. 오래된 아파트인지라 구조적인 문제가 많았는데, 특히 양문형 냉장고를 둘 만한 공간이 없어 주방 가구와 가전을 배치하는 데 애를 먹었다. 하지만 역으로 공간 확보가 되지 않는 이 집의 단점을 가장 큰 특징으로 승화시켰다. 거실과 주방을 구분하는 벽을 세워 주방 쪽 벽에는 냉장고를 놓고, 거실 쪽 벽에는 수납장을 설치해 인테리어 전시 효과까지 누린 것. 게다가 냉장고 옆으로는 각종 주방용품을 수납할 수 있는 공간을 마련해 소품이 노출되는 것을 최소화했다. 전체적인 톤은 블랙과 화이트에 돌, 나무 같은 내추럴 소재를 조화시키는 콘셉트에서 출발했다. 세덱에서 구입한 원목 소재 식탁으로 우드 느낌을 더했고 식탁 조명과 의자는 전체 톤에 맞춰 블랙으로 통일했다. TV 뒤쪽 벽면과 주방 한쪽 벽은 스톤 소재 타일로 포인트를 줬다. 전체적인 공간은 모노톤으로 모던하게 꾸몄지만, 침실만은 스노 실링 라이트를 세팅해 아늑하게 꾸몄다. 붙박이장 오른쪽 공간은 빌트인 형식의 화장대를 설치해 공간이 훨씬 깔끔해 보인다.

베란다를 확장하고 노출 콘크리트 느낌의 벽지와 타일 바닥으로 마감한 거실.

idea 1 적삼목이 있는 실용적인 욕실

천장과 세면대 주위에 우드 소재를 활용해 은은한 톤이 돋보이는 욕실. 이곳에는 '적삼목'을 활용했다. 보통 사우나 시설에서 많이 사용하는 소재로 습기가 많은 화장실의 수분을 빨아들이는 효과가 있을 뿐만 아니라 공간에 들어섰을 때 풍기는 나무 향이 기분까지 좋게 한다

idea 2 수납을 위한 선반 제작

수많은 책과 소품을 수납할 공간이 절실했던 부부. 방 하나를 작업실 겸 서재로 활용해 붙박이형 책장을 만들고 한쪽에는 ㄱ자 형태의 책상을 놓았다. 책상 위로는 2단 선반을 만들어 액자나 소품을 진열했다. 노출 콘크리트 벽지를 기본으로 부분적으로 레드 톤을 활용해 포인트를 준 벽이 돋보인다.

idea 3 장백석을 활용한 아트 월

거실과 주방의 한쪽 벽은 스톤 소재 타일로 아트 월을 만들었다. 돌을 가공한 장백석 타일은 습도를 머금는 정도에 따라 색이 진해졌다가 연해졌다가 하는 특성이 있다. 한쪽 벽만 포인트를 주어 전체적으로 어두워 보이는 것을 막았다.

| 1 | 3 |
| 2 | 4 |

1 거실과 주방 사이에 세운 가벽은 공간을 구분하면서도 전시 효과를 준다. 2 블랙과 우드, 그레이 톤이 적절히 섞인 주방. 3 작업실은 2단 선반으로 수납과 월 데커레이션 효과를 줬다. 4 수분을 빨아들이는 효과가 있는 적삼목으로 만든 욕실.

99.17m²

박지원 + 이희경 112.39m² 34평

배우존 + 바헤ㅏ 105.70m² 32평

하도혁 + 박영희 109.09m² 33평

민재열 + 우해미 109.09m² 33평

황찬익 + 신현진 109.09m² 33평

윤상진 + 이선호 109.09m² 33평

주재환 + 임미선 112.39m² 34평

신동민 + 강은정 112.39m² 34평

구재천 + 이현주 115.70m² 35평

최영재 + 안하나 122.31m² 37평

30py

99.17m²(30평)대는 거실을 어떻게 활용하느냐에 따라 집의 얼굴이 달라진다. 66.11m²(20평)대에 비해 넓은 거실은 소파와 TV와 수납장을 두는 것으로 마무리하기에는 아쉬움이 있다. 서재와 다이닝 기능을 소화하는 6~8인용 큰 테이블을 베란다쪽 거실이나 소파와 마주한 곳에 배치해 공간을 적절하게 활용할 것. 공간이 밋밋하다면 디자인이 다른 의자를 여러 개 믹스매치하거나, 펜던트와 플로 조명으로 멋을 내는 것도 방법이다. '마젠타 스튜디오' 권순복 스타일리스트는 홈 드레싱의 중요성을 강조한다. 리모델링은 공간이 넓을수록 비용과 시간이 많이 드는데, 벽지와 패브릭 교체, 가구와 소품 스타일링만으로 에지 있는 공간으로 재탄생하는 홈 드레싱은 리모델링의 좋은 대안이 될 수 있다고 말한다.

박지원
이희경

시공 비용 1100만원, 홈 드레싱
시공 셀프 시공

112.39m²⁽³⁴평⁾

동식물이 공존하고 환경을 생각한
힐링 하우스

박지원·이희경 커플은 신부가 살던 집을 일찌감치 정리하고 결혼 전 신혼집에 들어가 차근차근 집 꾸미기를 시작했다. 새 아파트라 리모델링이 따로 필요 없어 디자인을 전공한 커플은 힘을 합쳐 셀프 홈 드레싱에 도전했다. 수개월에 걸쳐 조사를 하고 발품을 판 덕에 꽤 흡족한 신혼집이 완성됐다. 인테리어에 워낙 관심이 많은 커플은 연애할 때부터 살고 싶은 공간에 대한 열망이 있었다. 복잡한 도심에서 벗어나 자연, 동물과 함께 휴식하고 지인들과 부담 없이 모임을 가질 수 있는 공간에서 살고 싶었던 것. 식물 위주로 공간을 꾸몄는데, 집 안에 생기를 불어넣어주는 시각적, 정신적 만족과 동시에 습도 유지, 공기 정화 등 일거양득의 효과를 누릴 수 있다. 저비용으로 철마다 스타일링을 다르게 할 수 있어 지루할 틈이 없다는 것도 장점. 자연 그대로의 원목 가구를 들이고, 친환경 페인트로 시공해 환경을 생각한 것도 이곳이 힐링 하우스인 이유.
구체적인 계획을 잡고 공간별로 콘셉트를 다르게 인테리어한 것도 이들 신혼집이 완성도가 높을 수 있었던 비결이다. 팝아트 스타일로 꾸민 거실, 모던 빈티지 주방, 내추럴

동식물이 공존하는 힐링 하우스를 콘셉트로 꾸민 이 집에는
박지원·이희경 부부와 고양이 레이가 함께 살고 있다.

빈티지 침실, 아르누보 스타일의 복도와 현관, 이지&시크 콘셉트의 워크 룸까지 공간별로 콘셉트에 맞게 충실하게 꾸몄기에 지루할 틈이 없다. 힐링 하우스라는 전체 콘셉트를 잊지 않고 공간마다 식물을 적절히 배치하고, 포인트 조명과 아트 액자, 거울로 공간에 힘을 주었다. 페인트 시공 외에는 인테리어 업체의 도움을 전혀 받지 않고 최소한의 예산으로 신혼집을 완성한 것도 돋보이는 부분이다. 쉽게 교체할 수 없는 벽 컬러와 가구 구입에 주력하고, 나머지 소품은 DIY나 아웃렛, 중고시장에서 구한 것이 효율적으로 신혼집을 완성한 부부의 숨은 노하우다.

	1
2	3

1 침실에는 구조적인 프레임의 침대를 배치해 모던한 분위기를 살렸다. 그 자체만으로도 공간에 포인트가 되는 우드 침대는 까사미아 아웃렛에서 저렴하게 구입. 2 거실 한쪽 벽은 아트 작품을 걸어 갤러리처럼 꾸몄다. 3 이희경 씨가 가장 공을 들인 것이 바로 주방 벽면 컬러였다. 레드 컬러는 원목 가구의 밋밋함을 보완하고, 식욕을 돋아주는 효과가 있고, 메탈 소재의 주방 가구와 매치했을 때 꽤 잘 어울린다.

idea 1 철저한 계산으로 완성한 컬러 매치

전체 도어와 몰딩에 스노 화이트 컬러를 적용해 따뜻하면서도 밝은 분위기로 연출했고, 집이 넓어 보이는 효과를 주었다. 거실 벽은 그레이 컬러로 페인트칠해 원목 가구의 지루함을 모던하게 승화시켰다. 그레이는 어떤 컬러나 스타일과 매치해도 잘 어울리는 컬러로 무난하게 사용할 수 있다. 포인트 컬러는 그레이와 화이트 컬러의 밋밋함을 보완하고, 원목 가구와 식물이 더욱 생기 있게 보이는 레드를 선택했다.

idea 2 오래 써도 질리지 않은 원목 가구 예찬

몇 가지 가구를 제외하고는 각기 질감이 다른 원목 가구로 통일한 이유는 편안하면서 따뜻한 분위기를 연출하고 싶은 마음에서다. 어떤 스타일과 매치해도 무난하게 어울리고, 사용할수록 멋스러운 원목 가구로 꾸민 덕에 공간별 스타일이 달라도 통일감이 느껴진다.

idea 3 카페 분위기의 아늑한 거실

거실은 가까운 친구들과의 가벼운 모임이나 편안하게 대화할 수 있는 카페처럼 꾸몄다. 편안해 보이는 3인용 소파에 6~8인용 테이블과 의자를 배치했고, 모던하고 캐주얼한 분위기의 팝아트 액자와 여러 가지 크기의 식물로 포인트를 주었다. 대화를 방해하는 TV를 없애고, 소파 뒤 벽 위아래로 간접 조명을 설치해 아늑한 카페 분위기를 완성했다.

idea 4 아르누보 스타일로 꾸민 복도와 현관

집의 첫인상을 좌우하는 현관과 복도에는 내추럴한 아르누보 스타일의 다양한 오브제를 두어 편안하면서도 유니크하게 연출했다. 현관에는 레일을 이용해 컬러가 다른 액자를 달고, 크기가 다른 원형 우드 플레이트를 걸어 공간의 완성도를 높였다.

1	3
2	4

1 부부가 발품을 팔아 구입한 덩치 큰 흰색 화기와 레일로 리듬감 있게 내려뜨린 화이트, 그레이, 레드 컬러 거울이 현관의 분위기를 살려준다. 2 원목 가구와 잘 어울리는 옐로 컬러 하부장을 설치한 주방. 3 민트 컬러 페인트로 칠한 침실 한쪽에 레트로풍 체어를 세팅해 멋스럽게 꾸몄다. 4 복도 벽면은 인터넷 쇼핑몰에서 구입한 동물 오브제를 걸고, 다이소에서 구입한 크기가 다른 나무 접시를 레일에 걸어 포인트를 주었다.

백우종
박혜나

시공 비용 2000만원, 홈 드레싱
시공 스타일by혜나 blog.naver.com/carmel82

105.78m²(32평)

패브릭과 컬러 믹스 매치에 포인트를 둔

파스텔 하우스

그림 같은 집에서 2년째 알콩달콩 신혼 생활을 즐기고 있는 백우종·박혜나 부부. 다양한 컬러를 이용한 스타일링을 즐기는 박혜나 씨는 3년째 홈 스타일링을 비롯해 매거진, 파티 스타일링까지 도맡아 진행하는 베테랑 리빙 스타일리스트로 자신의 신혼집을 질리지 않는 베이식한 스타일과 스타일리시한 컬러를 적절히 사용해 감각적인 공간으로 탄생시켰다. 벽지는 화이트와 베이지, 바닥은 우드 바닥재로 최대한 베이식하게 매치했고 소품과 패브릭, 가구는 파스텔 그린·블루 등의 컬러로 포인트를 주며 스타일리시하게 완성했다. 그중에서도 박혜나 씨가 가장 힘을 준 곳은 스카이 블루 컬러로 꾸민 이국적인 느낌의 주방. 결혼을 꿈꾸는 여성들의 로망인 요리를 즐겁게 할 수 있는 공간을 만들고 싶었다는 그녀는 마치 '카모메 키친'을 연상시키는 타일과 스카이 블루 컬러를 사용해 이 같은 느낌을 살렸다. 폭이 긴 브라운 컬러의 선반은 다채로운 소품과 어우러져 그 느낌을 더욱 배가시킨다. 베란다를 확장한 서재 겸 컴퓨터 방은 창가에 도톰하고 큰 쿠션을 배치해 창을 바라보며 책을 볼 수 있도록 꾸몄다.

스카이 블루와 화이트 컬러 매치로 화사함을 부여한 주방.

idea 1 파스텔 컬러 페인트로 감각적인 공간 완성

주방과 욕실은 벽지 대신 파스텔 컬러 페인트를 칠해 스타일리시하게 꾸몄다. 페인트 시공은 벽지에 비해 수명이 짧지만, 저렴하고 다양한 컬러를 구현할 수 있다는 장점이 있다.

idea 2 그림과 사진을 활용한 액자 스타일링

센스 있는 인테리어 효과를 거둘 수 있는 그림과 사진 액자 스타일링. 그림과 사진은 온라인에서 출력해 사용하고, 무난한 액자를 선택해 두루 활용한다.

idea 3 실용적인 소재의 패브릭

패브릭 소파를 꺼려하는 이유 중 하나가 세탁의 어려움 때문. 음식을 먹다가 흘릴 수도 있는 식탁 의자와 소파, 쿠션 패브릭은 쉽게 털리고 물걸레로도 잘 닦이는 액센느 소재를 택해 패브릭이 주는 아늑한 기운을 더했다.

1	2	3
	4	

1 서재 안쪽에 베란다를 확장 공사해 나만의 공간을 만들었다. 2 거실과 안방을 잇는 자투리 공간에 화려한 색감의 그림과 탁자를 배치해 공간에 생기를 주었다. 3 소품 숍에서 구입한 조미료 통에 스티커형 이름표를 붙이면 더욱 감각적인 인테리어 효과를 볼 수 있다. 4 그린 컬러 소파로 포인트를 준 거실.

하도혁
박영희

시공 비용 6000만원, 리모델링 + 홈 드레싱
시공 카민디자인 02-545-2208
www.carmine-design.com

109.09m²(33평)

라이프스타일에 맞춰 설계한

버라이어티 하우스

취향과 라이프스타일이 분명한 결혼 3년 차 하도혁·박영희 부부. 두 사람은 '집이란 자고로 편안히게 휴식을 취힐 수 있는 곳이어야 한다'고 생각했다. 전반적으로 모던하면서도 빈티지함이 적절히 섞인 분위기를 추구하고 싶다는 생각 아래 두 사람의 가치관을 더해 탄생한 이 집은 기존 상식을 뒤엎는 발상이 돋보인다. 평소 TV를 보는 시간이 많지 않기에 한쪽 벽면을 액자가 차지하고 있는 거실은 마치 갤러리를 연상시킨다. 천장 한가운데의 등도 필요치 않아 거실 천장에는 작고 은은한 조명이 전부다. 대신 함께 커피를 마시고 대화를 나눌 수 있는 공간을 원했기에 다이닝 룸에 힘을 주었다. 기존에 싱크대가 있던 자리를 터서 싱크대는 한쪽 구석으로 몰고 원목 테이블과 의자를 둔 다음 뒤로는 와인 셀러와 커피머신을 놓을 수 있는 수납장을 짜 넣은 것. 가장 인상적인 것은 욕조다. 기존에 방이었던 공간을 터서 욕조를 놓고 건식(욕실 바닥에 배수구가 없는 양식)으로 활용하고 있는 중. 창밖을 바라보며 반신욕을 즐길 수 있는 이곳은 마치 리조트를 연상시킨다. 침실을 제외한 방은 그림을 그리는 박영희 씨를 위한 작업

차를 마시며 휴식을 취하는 주방은 묵직한 고재 테이블과
투명 아크릴 의자가 어우러져 색다른 분위기를 연출한다.

공간으로 꾸몄다. 빈티지한 분위기로 다른 공간과는 전혀 느낌이 달라 이 방에 들어간 순간 집이 아닌 온전한 작업실이라는 느낌이 든다.

idea 1 올드&뉴 스타일이 공존하는 주방

요리할 수 있는 공간보다는 여유로운 분위기를 즐길 수 있는 공간이 필요했던 두 사람은 고풍스러우면서도 세련된 감각이 더해진 다이닝 룸을 완성했다. 철제 프레임의 다리와 고풍스러운 고재 상판으로 테이블을 제작하고 그 위에 빈티지한 조명을 달아 고전적인 소재와 현대적인 소재를 믹스매치했다.

idea 2 신발만을 위한 공간 탄생

기존 신발장으로는 공간이 턱없이 부족해 신발장 옆 화장실을 터서 공간을 확장하고 레드 컬러의 빈티지 문짝을 달아 인테리어 효과를 살렸다.

idea 3 작은방을 욕실로 변경

평소 반신욕을 즐기는 두 사람에게 욕조는 필수. 원하는 욕조를 화장실에 들이기에는 공간이 턱없이 부족한데다 아무래도 기존 욕실은 밀폐된 공간이라 답답한 감이 있었다. 과감하게 방 하나를 트고 계단을 만들어 단을 높인 후 창가 옆에 욕조를 설치하고 안쪽으로 유리문을 달아 샤워실도 마련했다.

	2	
1	3	4

1 과감히 방 하나를 개조해서 꾸민 이국적인 분위기의 욕실. 2 최소한의 가구만을 놓아 간결하게 꾸민 거실. 3 미술을 전공한 박영희 씨를 위해 만든 작업실. 4 수많은 신발을 깔끔하게 수납할 수 있도록 신발장을 따로 만들고 문을 달았다.

민재열
우해미

시공 비용 1900만원, 리모델링 + 홈 드레싱
시공 카민디자인 02-545-2208
www.carmine-design.com

109.09㎡ (33평)

밝고 산뜻한 분위기가 물씬 풍기는

트렌디 하우스

결혼한 지 1년도 되지 않은 두 사람의 파릇파릇한 신혼집인 이곳은 마치 흰색 도화지 위에 좋아하는 색을 활용해 구석구석을 재운 듯한 느낌이 난다. 전체 색상을 화이트 컬러로 단순화하고 소품을 활용해 포인트 컬러를 살려 산뜻하고 발랄한 분위기로 완성했기 때문. 짐블랑 옷걸이, 루밍 수납장, 에이치픽스 접시 등 요즘 유행하는 트렌디한 소품 하나하나까지도 신경 쓴 모습이 역력한데 결혼 때 친구들에게서 부조금 대신 받은 알토란 같은 선물. 여기에 이케아 식탁, 카르텔 의자 등 깔끔하고 젊은 감각의 가구로 세팅한 신혼집은 전반적으로 아기자기한 느낌을 풍긴다. 소품이 많은 거실에는 주조명 대신 레일을 활용한 간접 조명을 선택해 은은한 분위기를 연출했다. 이곳의 특이한 조명 중 하나는 바로 식탁 공간에 있는 네온 스카시 조명이다. 카페나 바에서 낼 법한 분위기를 연출하고 싶어서 미리 주문 제작해놓고 시공할 때 벽면에 설치한 것이라고. 식탁 뒤로 보이는 주방 역시 기존 집들과 달리 상부 선반을 떼어내고 냄비, 프라이팬 등의 주방용품을 오픈형으로 수납해 색다른 데커레이션 효과를 줬다. 침실은 사슴

액자와 스탠드, 1인용 체어와 이케아 수납장 등 소품의 믹스 매치가 돋보이는 거실 풍경

오브제로 포인트를 줬을 뿐, 최소한의 가구만 놓고 단순하게 꾸며 온전한 휴식 공간으로서의 의미를 살렸다.

idea 1 오픈 수납으로 장식 효과를 살린 주방

집 전체 색상인 화이트에 맞춘 타일로 완성한 주방은 상부 수납장을 철거하고 철제 선반을 설치했다. 그 위로 주방용품을 진열해 꺼내거나 올려놓기 수월할 뿐만 아니라 장식 효과도 있다. 주방용품이 늘어나는 것이 한눈에 보이기 때문에 불필요한 살림살이를 늘리지 않는 데도 도움이 된다고.

idea 2 라이프스타일을 고려한 공간 레이아웃

흔히 신혼집에서는 침실이 중요하다고 생각하고 가장 큰방을 침실로 꾸미지만, 이들은 반대다. 가장 작은 공간을 침실로 하고 넓은 공간을 서재 겸 작업실로 꾸민 것. 원목 등 깔끔한 소재보다 철제 구조물을 선택해 가볍고 밝은 느낌으로 책장을 꾸몄다. 책상을 두 개 합친 벽면 위로는 레일 조명을 달아 필요에 따라 좌우, 앞뒤로 조명을 움직일 수 있도록 했다.

idea 3 욕조를 없앤 반건식 욕실

욕실은 화이트와 블랙 컬러 타일로 마감해 시크하게 꾸몄다. 기존에 있던 욕조는 잘 사용하지 않는 데다 공간도 많이 차지해 떼어내고 대신 샤워 공간을 구분하기 위해 단을 쌓아 올렸다. 샤워할 때 커튼을 안쪽으로 넣고 사용하면 화장실을 반건식으로 쓸 수 있어 여러모로 유용하다는 이유에서다.

2	3
1	4

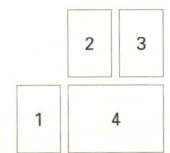

1 펜던트 조명과 오픈형 수납 등 두 사람만의 취향을 담은 주방이 유니크하다. 2 주방은 상단의 수납장을 떼고 주방용품을 오픈형으로 수납해 사용하기 편리하면서 그 자체로 인테리어 효과까지 있다. 3 욕조를 없애고 반건식으로 만든 욕실. 블랙과 화이트 컬러의 명확한 대비가 돋보인다. 4 책장과 테이블을 화이트로 통일하고 의자 색상으로 포인트를 준 작업실 모습.

황찬익
신현진

시공 비용 1600만원, 홈 드레싱
시공 바오미다 02-511-4702 www.baomida.com

109.09m²⁽³³평⁾

모노톤에 컬러 포인트로 생기를 더한

모던 팝 하우스

작년에 입주를 시작한 새 아파트에서 신혼살림을 꾸리게 된 황찬익·신현진 부부. 새 건물이어서 크게 손 댈 데는 없었지만 기존의 밋밋하고 내추럴한 마감재의 아파트를 젊은 커플답게 독특하면서 팝아트적인 느낌으로 꾸미고자 홈 스타일링 업체를 찾았다. 전체적인 브라운 톤 바닥재와 우드 도어들은 그대로 유지하되 벽지는 기본적으로 화이트 컬러를 위주로 시공하고 포인트가 되는 철제 가구와 아트 포스터, 톡톡 튀는 컬러의 패브릭으로 팝 스타일의 분위기를 살렸다. 전체적으로 블랙과 화이트, 실버의 모노톤 가구를 선택하되, 타이포 벽지와 회화적인 러그, 위트 넘치는 소품 등으로 공간에 임팩트를 줬다. 이 집에서 가장 돋보이는 공간은 다이닝 룸으로 4인용 식탁을 놓기 애매한 좁은 주방 대신 방 안에 식탁을 들여놓았다. 책상 겸 식탁으로 사용할 수 있는 디자인의 테이블을 놓아 서재 겸 다이닝 룸으로 꾸몄는데, 손님을 초대해 함께 식사하기도 좋고 부부가 컴퓨터, 독서를 할 수 있는 서재 기능도 만족시키니 일석이조라고 할 수 있다.

모던한 타이포 그래픽 벽지로 색다른 분위기를 주는 다이닝 룸은 손님 초대나 부부 서재 등 다용도로 사용할 수 있다.

idea 1 그래픽 쿠션으로 생동감 더하기

무거운 느낌을 줄 수 있는 가죽 소파에 그래픽이 가미된 쿠션을 세팅해 생동감을 더했다. 패턴이 프린트된 디자인 쿠션만 두면 정신없어 보일 수 있으므로 솔리드 쿠션과 패턴 프린트 쿠션을 톤 온톤으로 매치해 세팅하는 것이 방법.

idea 2 철제 가구로 수납과 전시 효과 살리기

침실을 좀 더 넓게 사용하고자 화장대를 드레스 룸에 놓고, 답답한 원목 수납장 대신 활용도 높은 철제 수납 가구를 선택한 것이 포인트. 가방을 좋아하는 신현진 씨와 바이크가 취미인 황찬익 씨의 용품을 보기 좋게 수납한 계획적인 구성이 돋보인다. 사용자의 라이프스타일을 반영할 수 있다는 것이 맞춤 가구의 장점.

idea 3 기능성이 돋보이는 암막 커튼

프레임 없이 패브릭으로 완성한 침대가 돋보이는 침실. 출근이 늦은 남편의 숙면을 위해 빛이 투과하시 않노록 이중으로 제작한 암막 커튼과 디자인 커튼을 함께 사용해 기능적인 부분과 디자인을 모두 만족시켰다.

| 1 | 3 |
| 2 | 4 |

1 부부가 좋아하는 소품과 의상을 정리하기 위해 맞춤 제작한 가구에 오픈 수납했다. 2 브라운 톤과 푹신한 쿠션들로 아늑하게 꾸민 거실. 3 전신 거울을 놓아 공간이 넓어 보이는 효과를 준 드레스 룸. 4 침대 머리맡에 컬러풀한 아트 액자를 걸어 포인트를 줬다.

윤상진
이선호

시공 비용 2000만원, 홈 드레싱
시공 스타일by혜나 blog.naver.com/carmel82

109.09㎡(33평)

콘셉트에 따라 완성한

아이디얼 하우스

윤상진·이선호 부부는 신혼집의 모든 공간에 콘셉트를 정하고 그 공간의 역할에 집중할 수 있도록 인테리어했다. 옐로 펜넌트 조명을 레일에 달아 낮게 떨어뜨리고, 헤드 브래킷, 책장, 테이블을 배치해 북 카페 스타일로 연출한 거실은 부부가 가장 공을 많이 들인 공간. TV와 영화를 볼 수 있도록 꾸민 멀티 룸, 프라이빗한 모던 퀴진으로 재현한 다이닝 룸, 오롯이 잠만 자는 공간으로 꾸민 아늑한 침실까지 이들 부부의 생활 패턴에 맞춘 맞춤형 하우스로 신혼집을 완성했다. 거실에 TV를 없애고 북 카페 스타일로 꾸민 덕에 부부는 퇴근 후 커피 한 잔의 여유를 즐기며 자주 이야기를 나누게 됐다고. 옐로 컬러의 주방과 다양한 조명, 짙은 그린 컬러 페인트로 벽면을 칠한 멀티 룸은 큰 비용을 들이지 않고 기존의 집 구조에 컬러를 입히고, 감각적인 스타일링을 더해 알차고 똑똑하게 꾸몄다. 특히 필름 시공은 그중에서도 비용 대비 효과가 큰 아이디어. 브라운 컬러의 몰딩은 화이트, 싱크대는 옐로, 현관문은 블루 컬러 등으로 필름 시공만으로 공간 분위기를 180도 바꿨다.

심플한 가구를 선택한 대신 기하학 패턴의 러그와 스트
라이프 커튼, 펜던트 조명, 키치한 액자로 포인트를 준
다이닝 룸.

idea 1 필름 시공으로 180도 바뀐 분위기

브라운 몰딩은 집 안 전체를 어둡고, 좁아 보이게 만든다. 몰딩뿐 아니라 싱크대, 문짝, 섀시 등도 마찬가지. 전체를 교체하는 공사는 비용과 품이 많이 들지만 필름으로 시공하면 비용과 노력을 절감할 수 있다. 109.09m²(33평)는 대략 300만원 정도의 비용으로 시공이 가능하고, 섀시를 제외할 경우에는 100만원 정도 줄어든다. 필름 시공을 하면 얼룩이 묻어도 쉽게 지울 수 있어 청소하기 편하지만 자칫 벗겨지는 위험이 있으므로 감안하고 선택할 것.

idea 2 소통의 공간, 거실

이야기가 많은 집을 원했다는 이선호 씨. 옐로 펜던트 조명과 세로로 널찍한 6~8인용 테이블이 자리한 거실은 퇴근 후 집에 들어온 윤상진 씨와 편안하게 대화하고, 손님을 초대했을 때에도 마치 카페 같은 아늑함을 주는 공간이다.

idea 3 레트로풍 암체어로 꾸민 멀티 룸

영화와 TV를 보는 용도로 마련한 멀티 룸은 편안한 소파 대신 3인용 암체어를 세팅해 진짜 영화관처럼 꾸몄다. 부부 싸움을 하게 될 경우, 푹신한 소파를 믿고 각방을 쓰게 될까 하는 노파심에서 다소 불편한 의자를 두었다.

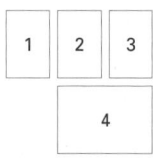

| 1 | 2 | 3 |
| 4 | | |

1 간결한 모던 스타일을 보여주는 멀티 룸. 2 저렴한 필름 시공으로 분위기를 바꾼 주방. 3 내추럴 우드 가구로 통일해 심플하게 꾸민 침실. 4 TV를 없애고 서재 겸 다이닝 룸으로 꾸민 거실. 파스텔 컬러 의자가 공간에 리듬감을 부여한다.

주재환 **시공 비용** 2300만원, 리모델링 + 홈 드레싱
임미선 **시공** 바오미다 02-511-4702 www.baomida.com

112.39㎡ (34평)

벽 장식을 최대한 배제한

미니멀 하우스

10년 연애 끝에 결혼에 골인한 주재환·임미선 커플은 긴 연애만큼이나 결혼 또한 오랜 시간을 두고 꼼꼼하고 자문하게 준비했다. 특히 인테리어에 관심이 많고 손재주가 좋은 임미선 씨는 혼수를 장만하기 전 다양한 전시회와 인테리어 매장을 둘러보며 감각을 기르고 원하는 스타일을 찾아 다녔다고. 임미선 씨가 원하는 스타일은 벽 장식을 최대한 배제하고, 최소한의 가구만을 배치한 미니멀 하우스. 거실은 최대한 넓고 깔끔하게 보이도록 심플한 가구를 배치했다. 큰 소파로 중심을 잡으면서 심플한 디자인의 가구와 소품으로 연출하는 식. 거실에서 돋보이는 우드와 바이올렛 컬러 투 톤의 AV장은 한쪽을 서랍형, 다른 한쪽은 그림이나 아트 포스터, 장식품 등을 진열할 수 있게 제작했다. 또 요리 솜씨가 좋아 손님을 초대해 파티하는 것을 좋아하는 임미선 씨는 다른 아파트에 비해 넓은 테라스에 6인 테이블을 놓아 파티 공간을 마련했다. 아늑함을 더하기 위해 모던한 플로어 조명을 단 센스가 돋보인다. 가야금 연주자인 그녀의 직업을 고려해 방마다 연습을 위한 전신 거울을 놓은 것도 눈여겨볼 만하다.

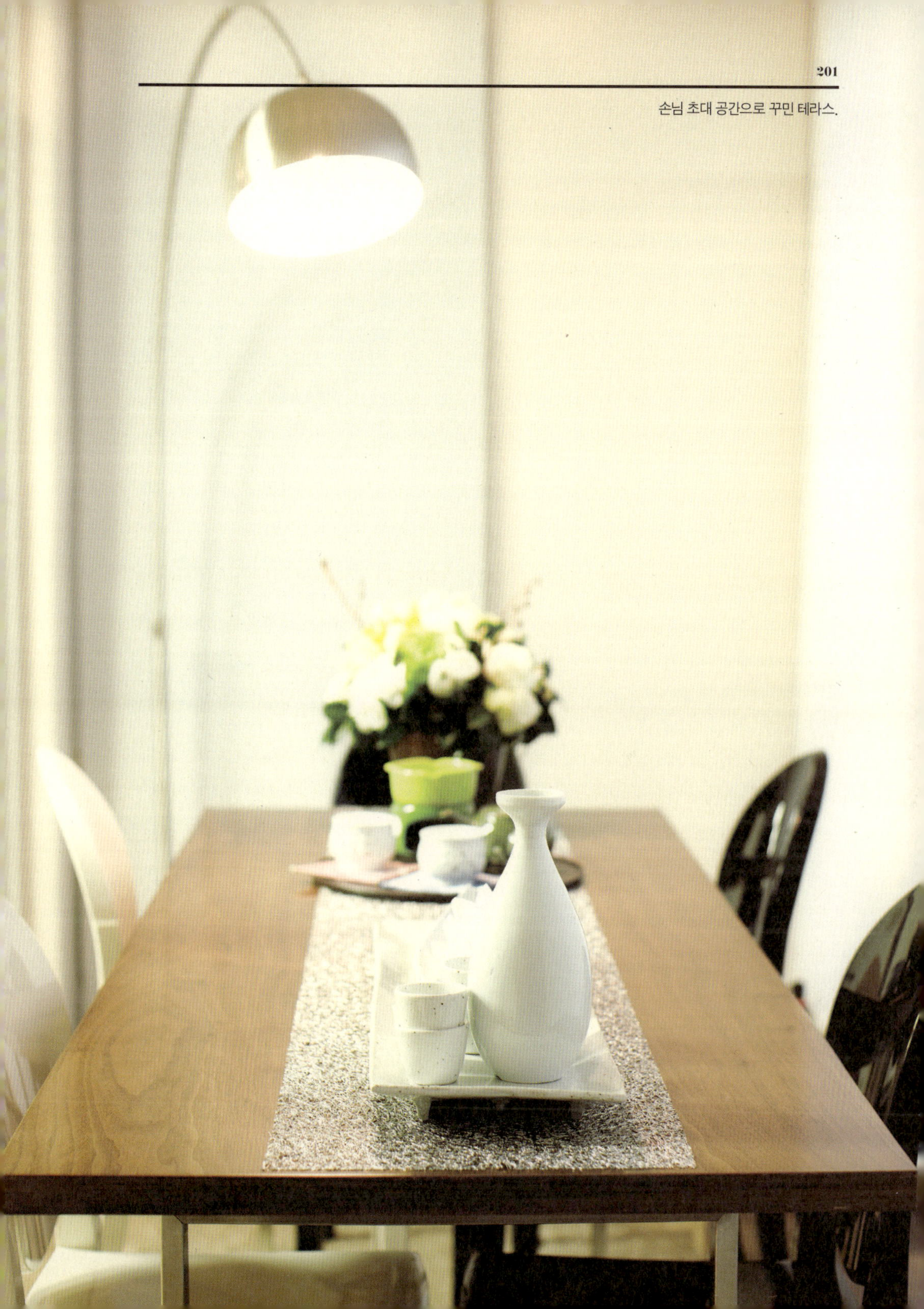

손님 초대 공간으로 꾸민 테라스.

idea 1 멀티 기능의 침대와 전신 거울

티 테이블 겸 수면용품을 올려놓고 책 등을 수납할 수 있는 침대, 커다란 전신 거울과 크기를 조절할 수 있는 화장대로 꾸민 침실. 공간을 넓어 보이게 하는 커다란 전신 거울은 연습을 위한 거울로, 화장대를 반쯤 걸쳐두어 화장대 거울로도 사용할 수 있다.

idea 2 직접 제작한 나만의 투 톤 AV장

투 톤 컬러의 AV장은 한쪽은 서랍장, 한쪽은 DVD나 기기들을 올려놓을 수 있는 공간으로 제작하고 하부 진열 선반의 한쪽에는 아트 포스터나 장식품들을 올려 거실에 포인트를 주었다.

idea 3 손님 초대를 위한 파티 공간

뛰어난 요리 실력으로 손님 초대를 즐기는 임미선 씨가 원하는 6인용 테이블을 주방에 들일 수 없어 주방보다 좀 더 넓은 베란다에 놓는 아이디어를 발휘, 마치 레스토랑 테라스 분위기의 다이닝 룸이 완성됐다.

1	2
	3

1 서재에 전신 거울을 놓아 가야금 연습할 때 유용할 뿐만 아니라 공간 확대 효과를 노렸다. 2 침실에도 전신 거울을 놓고 침대 아래로는 수납 기능을 더했다. 3 임미선 씨가 좋아하는 컬러로 제작한 투 톤 컬러의 AV장이 돋보이는 거실. 베란다를 레스토랑처럼 꾸몄다.

신동민
강은정

시공 비용 3163만원, 리모델링 + 홈 드레싱
시공 투앤원디자인스페이스
02-547-6606 www.2n1space.com

112.39㎡ (34평)

맞춤 가구로 수납 고민을 덜어준

북 카페 스타일 하우스

신동민·강은정 부부의 신혼집은 사람을 모이게 하는 힘이 있다. 낮에는 햇살이 깊게 들어와 쾌적하고, 밤에는 간섭 소명으로 분위기 있는 거실을 북 카페 콘셉트로 연출했기 때문이다. 6인용 테이블이 놓인 이 공간은 친구들을 초대해 식사를 하는 공간으로, 또는 소규모 파티를 여는 공간으로 탈바꿈하기도 한다. 지인들이 이 집을 더 좋아하는 데는 또 다른 이유가 있다. 삼각형으로 애매하게 남은 자투리 공간에 붙박이장을 넣고 손님용 방으로 만든 것. 그렇다고 이 집의 주객이 전도된 것은 아니다. 큰방에 소파와 TV를 놓아 부부가 퇴근한 후 둘만의 시간을 보낼 수 있도록 했고, 맞춤 가구로 기능성을 살린 침실은 오로지 휴식을 책임질 침대 위주로 구성했다. 살림살이를 늘어놓는 것을 싫어하는 강은정 씨의 취향도 곳곳에 묻어난다. 집이 넓어 보일 수 있도록 화이트 컬러의 맞춤 붙박이장을 곳곳에 배치해 자질구레한 물건들을 말끔하게 숨겼으며, 화이트와 우드 소재를 믹스해 내추럴하면서도 미니멀한 분위기를 완성했다. 두 사람은 물론 지인들까지 세심하게 배려한 신혼집 북 카페는 오늘도 따뜻한 수다로 가득하다.

현관에 들어서면 마주하게 되는 거실을 북 카페 콘셉트로 연출했다.
부부 둘만의 공간으로도, 지인들과 함께하는 공간으로도 손색이 없다.

idea 1 수납의 시스템화

가구나 도구를 쓰기 편하게 빌트인하거나 보기 싫은 살림살이를 말끔하게 정리할 수 있도록 맞춤 붙박이장을 달아 수납을 시스템화했다. 자질구레한 물건들의 지정석을 만들어주는 거실 수납장, 행어와 서랍을 조합한 옷장 등을 집의 구조적인 상황에 맞게 제작해 수납의 효율성을 최대한 높였다.

idea 2 용도에 맞게 계산된 가구 배치

부부만 지내는 공간과 여러 사람이 한동안 머무는 공간을 나눠 가구를 배치했다. 북 카페로 연출한 거실에는 큰 테이블을 한가운데 두고 여럿이서 둘러앉게 했고, 큰방과 침실은 오로지 부부만을 위한 공간으로 꾸몄다. TV를 거실에 놓지 않은 것도 여러 사람이 모이는 공간이기 때문.

idea 3 무채색과 우드 소재의 조합

따뜻한 분위기, 수납 걱정이 없고, 깔끔한 집. 신동민·강은정 부부는 이 세 가지를 충족하기 위해 집중했다. 주요 가구를 우드 소재로 된 제품으로 선택해 내추럴한 분위기를 조성했으며, 화이트 톤의 맞춤 붙박이장을 곳곳에 배치해 수납 문제를 해결했다. 또 전선을 말끔하게 정리해 깨끗한 인상을 더한다.

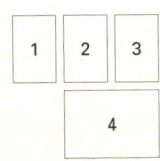

1	2	3

4

1 현관 신발장 앞 벽면에 전면 거울을 달아 넓어 보이는 시각적인 효과를 주었다. 2 수납공간의 폭을 달리해 책 자체가 소품이 될 수 있도록 자유롭게 배치한 거실 장식장. 3 소파 뒤 남은 공간에도 슬라이드 도어로 된 붙박이장을 짜 넣어 자질구레한 소품을 넣을 수 있도록 했다. 4 침대를 기준으로 ㄷ자 모양 수납장을 짜 넣어 수납공간을 최대로 확보했다.

구재천
이현주

시공 비용 5700만원, 리모델링 + 홈 드레싱
시공 엘로우플라스틱
070-7709-3542~3 www.yellowplastics.co.kr

115.70m²(35평)

30년 넘은 낡은 아파트의 변신

내추럴&클래식 하우스

1981년도에 완공된 아파트에 1985년부터 살기 시작했다는 구재천 씨는 한 달여의 공사 기간을 거쳐 새집 같은 신혼집을 완성했다. 전세를 주고 새 아파트로 이사 가느냐, 30년 넘은 낡은 아파트를 고쳐 사느냐 고민하다가 '고쳐서 살자'라는 이현주 씨의 말에 리모델링을 결심하게 됐다고. 난방과 단열 보수는 물론이고 몰딩, 바닥재, 문 등을 모두 철거해야만 했던 이 아파트는 변화를 거듭한 끝에 내추럴하면서 클래식한 집으로 재탄생했다. 낮은 천장을 뜯어서 층고를 높였고, 바닥은 헤링본 원목 마루를 깔았으며, 몰딩과 문도 모두 새것으로 교체하니 제법 새 아파트 같았다. 기초 공사에 드는 기간도, 비용도 만만치 않았지만 구재천 씨의 오래된 추억이 담긴 집에서 신혼살림을 시작하는 것도 이현주 씨에게는 특별한 행복이었다. 부부가 바라는 집은 깨끗하고 쾌적한 공간. 거실 벽면에 파벽돌 벽지와 작은방에 파스텔 그린 벽지를 제외하고는 모든 벽과 몰딩을 화이트 컬러로 시공했고, 심플하면서 묵직한 느낌을 연출하는 우드 소재 가구와 질감이 살아 있는 우드 패널을 적절하게 사용해 자연스러운 분위기를 연출했다.

부부의 키에 맞춰 제작한 침대는 양쪽 하단에 수납장이 있어 개인 물건을 수납할 수 있다.

idea 1 부부 키에 맞춰 제작한 침대

자연적인 나무 소재의 질감을 좋아하는 부부는 거실 소파를 제외하고는 모두 우드 가구를 택했다. 유난히 키가 큰 부부에 맞춰 높게 제작한 침대는 이 집의 자랑거리로 침대 하단에는 수납장을 짜 넣어 수납 기능을 더했다. 밋밋한 침실 벽면에 설치한 여러 질감의 우드를 조가 누비한 페널은 따뜻한 분위기를 더하는 공간의 포인트.

idea 2 좁은 공간 넓게 사용하는 슬라이딩 도어

오래된 아파트라 115.70m²이지만 실제 크기는 92.56m²(28평) 정도로 좁은 편. 가급적 공간을 넓게 사용하는 것을 목표로 좁은 통로 옆에 있는 작은방 문을 슬라이딩 도어로 교체했다. 외출 전 옷매무새를 가다듬을 수 있도록 도어 전면에는 전신 거울을 달았다.

idea 3 클래식한 멋을 더하는 헤링본 바닥재

심플하고 미니멀한 공간이지만 바닥재에 힘을 쉬 완성노를 높였다. 붉고기 가시를 연상케 하는 헤링본 바닥재는 클래식하면서 세련된 공간 연출에 제격. 북유럽 스타일의 공간을 꿈꾼다면 헤링본 바닥재를 눈여겨볼 것. 전체 시공이 부담스럽다면 거실이나 침실 등 부분적으로 시공하는 것도 방법이다.

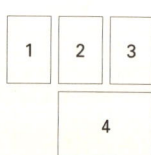

1 서재 겸 구재천 씨의 그루밍 공간으로 사용하는 작은방은 파스텔 그린 벽지로 산뜻하게 꾸몄다. 2 블랙 펜던트 조명으로 포인트를 준 주방. 3 침대와 붙박이장 사이에 가벽을 설치해 벽걸이 TV를 단 아이디어가 돋보인다. 4 파벽돌 벽지와 클래식한 분위기를 연출하는 헤링본 바닥재로 힘을 준 거실 공간. 예닐곱 명도 거뜬히 앉을 수 있는 화이트 소파는 체리쉬 가구에서 구입.

최영재
안하나

시공 비용 950만원, 홈 드레싱
시공 공간을 만나는 방법 blog.naver.com/secret1519

122.31m² (37평)

과감한 패턴으로 스타일리시하게 꾸민

블랙&화이트 하우스

맞벌이인 최영재·안하나 부부는 인테리어할 시간적인 여유가 없어 스타일리스트에게 홈 드레싱을 맡겨 신혼집을 단장했다. 블랙 컬러를 활용해 화려하게 꾸며달라는 것이 부부의 간단명료한 요구 사항이었다. 스타일리스트는 도배나 바닥 시공을 하는 대신 뮤럴 벽지, 데코 스티커, 조명, 카펫, 가구 등을 활용해 부부의 요구 사항을 충족시켜줬다. 화이트를 기본 컬러로 정하고 블랙을 가미했는데, 다양한 아이템을 믹스 매치해 인테리어가 무겁지 않고 산뜻하면서 세련돼 보인다. 거실과 서재는 모던, 주방은 앤티크, 침실은 클래식 등 블랙과 화이트 컬러만 활용해 공간마다 콘셉트에 변화를 준 것도 지루하지 않는 요소. 거실은 패브릭이 바람에 날리는 듯한 뮤럴 벽지(벽화를 모티브로 한 벽지)로 포인트를 주고, 주방은 앤티크 패턴의 데코 스티커와 월 데코 커튼으로 유니크한 멋을 냈다. 서재와 침실 사이의 코지 코너에도 유럽의 거리를 연상시키는 뮤럴 벽지를 붙여 인테리어에 힘을 주었다. 서재는 블록 패턴 카펫으로, 침실은 시폰 소재 캐노피를 세팅해 개성 넘치는 공간을 만들었다. 특히 패션에서 구두처럼 스타일을 결정짓 블랙과 화이트 컬러의 블록 패턴 카펫을 세팅해 유니크하게 꾸민 서재. 책상 위 레드 컬러 스탠드로 공간에 포인트를 줬다.

는 역할을 하는 조명을 스팽글이나 레이스 등 독특한 소재로 선택한 것이 개성 넘치는 인테리어를 완성하는데 한몫했다.

idea 1 독특한 소품을 더한 거실

거실은 패브릭이 바람에 날리는 듯한 패턴의 뮤럴 벽지로 포인트를 줬다. 블랙 우드 블라인드와 어우러져 뮤럴 벽지가 한층 돋보인다. 화이트 컬러 가죽 소파 위에는 스팽글 장식 쿠션을 놓고, 아크릴 테이블과 독특한 디자인의 시계로 개성 있게 꾸몄다.

idea 2 블랙으로 시크하게 꾸민 주방

주방은 데코 스티커, 월 데코 커튼, 조명, 의자 등을 블랙으로 통일해 시크하게 꾸몄다. 싱크대 상부장은 인터넷 사이트에서 주문 제작한 앤티크한 데코 스티커를 붙이고, 기름때로 지저분했던 벽은 벽걸이형 월 데코 커튼을 달아 해결했다.

idea 3 개성 넘치는 블록 패턴 카펫

서재는 네모반듯하지 않아 스타일링하는 데 고민을 많이 했던 공간으로, 메탈릭한 소재가 섞인 화이트 책상과 책장, 블록 패턴 카펫으로 유니크하게 꾸몄다. 책상 위의 강력한 레드 컬러 새 모티프 스탠드가 서재 인테리어에 화룡점정 역할을 한다.

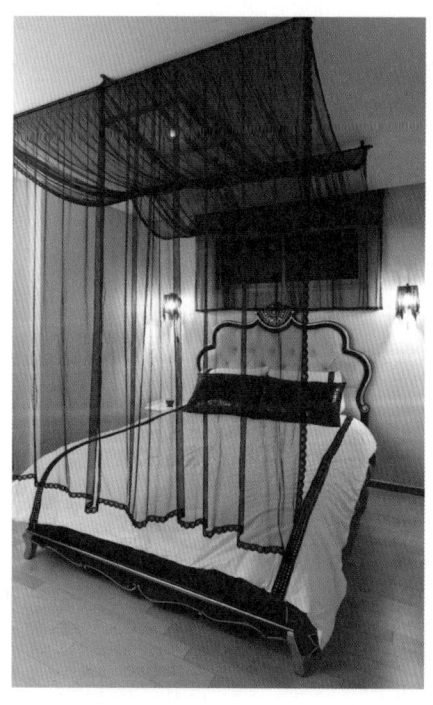

	2
1	3

1 블랙과 화이트를 모티프로 클래식하게 꾸민 침실은 웅장한 시폰 캐노피와 침대 옆 조명이 매혹적인 분위기를 만든다. 2 데코 스티커, 월 데코 커튼, 조명, 의자 등 블랙으로 통일해 시크하게 꾸민 주방. 3 바람에 날리는 듯한 패턴의 뮤럴 벽지로 특별하게 꾸민 거실.

132.23m²

윤여훈 + 장혜영 145.45m² 44평
박성준 ǀ 김나현 148.76m² 45평

40py

132.23m²(40평)대는 일반적으로 3~4개의 방, 넓은 거실과 주방, 2개의 화장실로 구성된다. 132.23m²대의 주방이야말로 음식을 만드는 주방과 식사를 하는 다이닝 룸의 경계를 확실하게 나눌 수 있고, 계획만 잘 짜면 작은 서재나 간단하게 술을 즐길 수 있는 홈 바도 만들 수 있다. 공간이 넓어 굳이 베란다를 확장하지 않고도 여유롭게 거실을 사용할 수 있고, 대신 베란다를 취미 활동을 위한 공간으로 새롭게 꾸밀 수 있다. '꾸밈by 조희선'의 조희선 대표는 공간을 새롭게 연출하고 싶다면 공간의 고유성을 버리고 멀티 태스킹을 하라고 조언한다. 거실을 영화관이나 가족실 같은 멀티 룸으로 꾸미거나, 신발장을 책 수납공간으로 만드는 등 고정관념에서 벗어나는 식. 집이 넓을수록 다양한 시도를 해볼 수 있다.

윤여훈
장혜영

시공 비용 5000만원대, 리모델링 + 홈 드레싱

시공 달앤스타일 070-8703-4644 www.dallstyle.com

145.45㎡ (44평)

옛것과 새것을 믹스 매치한

올드&뉴 하우스

결혼 2년 차에 접어든 윤여훈·장혜영 부부는 10년이 넘어도 거뜬히 살 수 있고, 아기가 태어나도 비좁지 않은 145.45㎡대의 넓은 공간을 두 번째 신혼집으로 선택했다. 1년 전부터 여러 인테리어 업체의 포트폴리오를 유심히 살펴봤다는 장혜영 씨는 사소한 부분까지 꼼꼼하게 챙기는 시공 업체를 만나 리모델링에 착수했다. 10년 정도 된 아파트는 전체를 뜯어고칠 필요는 없었지만 워낙 넓어서 부분 시공하는 것도 만만치 않았다. 부부는 기존의 클래식한 가구를 살릴 요량으로 홈 드레싱을 계획했다. 바닥은 강화마루를 시공하고 거실 벽은 타일로 아트 월을 만들었으며, 폴딩 도어를 달아 개방감을 높였다. 주방은 ㄷ자 구조로 바꾸고 오픈 주방으로 거실과의 작은 경계를 만들었다. 눈에 거슬리던 체리색 몰딩은 새 것으로 교체하는 대신, 저렴한 블랙 컬러 필름으로 작업해 세련된 공간을 완성했다. 영화를 좋아하는 부부의 취향에 맞춰 폴딩 도어 앞에 올렸다 내릴 수 있는 롤 스크린을 달고, 반대편 오픈 주방 상부장에 빔 프로젝트를 설치해 영화관 못지않은 공간이 탄생됐다.

직접 제작한 다이닝 룸의 테이블은 나무 질감
이 그대로 살아 있어 집 안에 운치를 더한다.

idea 1 기존 가구를 고려해 홈 드레싱 계획 짜기

신혼살림이 2년밖에 되지 않은 것이라 버리고 새 가구를 구입하기가 꺼려졌다는 부부는 리모델링을 시작하면서 가구는 살리는 것으로 계획을 세워 비용을 절감했다. 클래식한 분위기가 물씬 풍기는 침대와 옷장, 다크 브라운 컬러 카우치 소파(침대와 소파의 중간 구실을 하는 긴 의자로 발을 뻗을 수 있는 긴 형태의 소파를 통칭)는 공간과 조화롭게 어울리도록 침구류와 쿠션 등을 매치해 스타일링의 완성도를 높였다.

idea 2 3가지 기능을 소화하는 복합 공간, 주방

주방은 편하게 요리할 수 있는 ㄷ자 싱크대, 티타임을 즐길 수 있는 개방형 아일랜드, 여러 명을 초대해 식사할 수 있는 6~8인용 식탁을 세팅해 활용도를 높였다. 고풍스러운 분위기의 우드 테이블은 직접 제작한 것. 리듬감 있게 설치한 펜던트 조명이 공간에 멋을 더한다.

idea 3 색다른 휴식 공간으로 꾸민 베란다

공간이 넓어 굳이 확장하지 않아도 되는 베란다는 색다른 휴식 공간이 될 수 있다. 바닥에 에폭시 시공을 하고 수납장 겸 의자, 스툴을 놓아 카페처럼 꾸미거나 차 테이블과 방석을 마련해 다도를 즐기는 공간으로 활용한다.

1	2	3
	4	

1 개방형 아일랜드 주방은 인덕션이 설치돼 있어 요리하기 편리하다. 2 바닥에 에폭시 시공을 하고 스툴과 의자를 배치해 휴식 공간으로 꾸민 베란다. 3 작은방은 레일을 이용해 3개의 조명을 달아 카페처럼 꾸몄다. 4 롤 스크린과 빔 프로젝트를 달아 영화관 같은 분위기로 꾸민 거실.

박성준
김나현

시공 비용 2500만원대, 홈 드레싱
시공 셀프 시공

148.76m²(45평)

다기능 거실에 힘준

모던&시크 하우스

인테리어에 관심이 많으면서 평범하지 않은 감각을 지닌 김나현 씨의 손길로 신혼 집을 직접 꾸민 박성준·김나현 부부는 휴식·작업·식사·TV 시청을 위한 공간으로 꾸민 거실에 많은 공을 들였다. 6인용 소파를 배치하고 내추럴한 원목 테이블과 스타일리시한 플로어 조명을 세팅해 모던하게 꾸몄으며, 이젤과 캔버스 액자, 블랙 컬러 마네킹으로 멋을 냈다. 주상복합 구조로 베란다와 다용도실이 없는 것은 단점이지만 거실 통유리로 햇살이 그대로 들어와 채광이 좋은 것은 장점. 통유리 전면에 블라인드를 설치해 빛의 양을 조절하는데, 포근한 러그를 깐 대리석 바닥 위에 햇살이 닿으면 반짝반짝 빛이 나는 듯하다고. 소파 옆으로는 식사와 작업을 겸할 수 있는 긴 테이블을 두고, 그 옆으로는 커피를 즐길 수 있는 미니 테이블을 놓은 것도 눈여겨볼 만하다. 상대적으로 좁은 다이닝 룸의 경계를 두지 않고, 거실과 주방이 연결된 탁 트인 넓은 공간을 연출하고 싶은 마음에서다. 서재에서도 김나현 씨의 톡톡 튀는 인테리어 감각을 엿볼 수 있다. 직접 도안을 그려 제작한 책상과 책장은 시크한 블랙과 화이트 컬러로 매치해 모던

모던한 스타일의 ㄱ자형 소파와 원목 테이블을 배치한 다기능의 거실.

한 인테리어에 딱 어울린다. 책과 장식품을 고루 수납할 수 있도록 계획하고 제작한 책장은 부부의 수납 걱정을 덜어준다. 글로시한 화이트 가구와 심플한 화이트 침구로 꾸민 침실은 넓고 깔끔해 보인다.

idea 1 다양한 니즈를 충족시키는 거실

거실과 주방의 경계 없이 서로 연결된 구조로 공간을 넓게 확보할 수 있어 소파와 테이블을 ㄱ자로 배치해 다양한 기능을 소화하는 스마트한 공간으로 꾸몄다. 채광이 좋은 데다 입체적인 샹들리에, 패브릭 플로어 조명, 테이블 램프가 더해져 아늑한 공간이 완성됐다.

idea 2 광택 있는 화이트 컬러로 꾸민 침실

침실은 가구와 소품 모두 글로시한 화이트 소재를 사용해 통일성 있게 꾸몄다. 스툴과 사이드 테이블, 조명, 간이 의자 등 아기자기한 화이트 소품으로 밋밋함을 보완했다.

idea 3 직접 제작한 책상 책장 세트

직접 도안해 제작한 블랙과 화이트 컬러의 책상 책장 세트는 미니멀한 디자인뿐 아니라 기능적인 면에서도 효과만점. 서재의 구조나 사용자의 취향에 적합한 가구가 없다면 맞춤 제작하는 것도 방법.

1 책장을 지지대로 삼아 만든 책상은 화이트와 블랙 컬러의 조합으로 독특한 매력을 뽐낸다. 스트라이프 커버를 입힌 체어가 포인트. 2 책과 소품을 요목조목 정리할 수 있도록 직접 디자인한 책장. 3 광택이 도는 화이트 컬러 침구로 꾸민 침실.

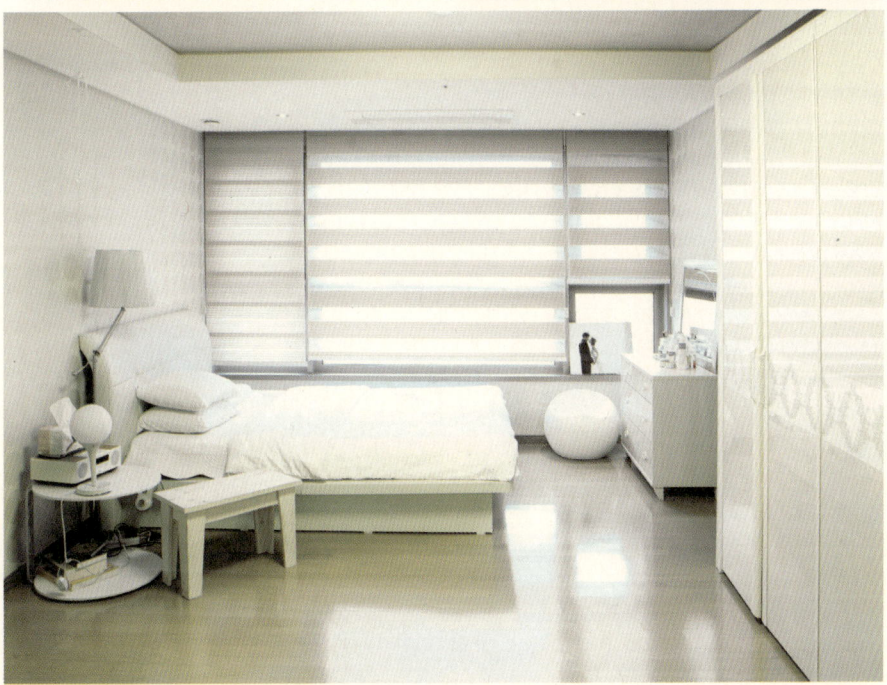

index

인테리어 숍

까레 02-545-9872
까사미아아울렛 031-712-4231
나뚜찌 02-517-5650
다나무 031-769-2425 www.lloydloom.co.kr
다원몰 상설 할인매장 031-977-4977
대림바스 1588-4360
더플레이스 02-3444-9595
덴스크 02-592-6058
디사모빌리 02-512-9162
디자이너스랩 02-545-6766
디자인벤처스 아울렛 02-3444-3382
디자인파일럿 02-516-5331
라이트워크 02-547-6751
로프트 070-8200-7181 www.loft.or.kr
루밍 02-6408-6700 www.rooming.co.kr
리모드 02-2051-9888 www.remod.co.kr
리바트 스타일샵 02-549-2155
마리메꼬 02-515-4757 www.marimekko.kr
마마스코티지 070-8281-5909
        www.mamascottage.com
마켓엠 02-733-4769 www.market-m.co.kr
메종 드 파리 02-535-2505 www.parisangel.co.kr
모델홈 031-715-8809
모벨랩 02-3676-1000 www.mobellab.com
바이헤이데이 1599-7193 www.byheydey.com
보노야아울렛 070-8874-9912
본가구아울렛 032-761-0950
블로마 070-4139-0230 www.blomma.co.kr
비 블랭크 02-6407-9075 www.beblank.co.kr
비플러스엠 www.bplusm.co.kr
시몬스 02-544-9114
오즈 www.diyoz.com
와츠 02-517-3082
에몬스아울렛 032-816-2224
에이치픽스 02-3461-0172 www.hpix.co.kr
웰즈 02-511-7911 www.wellz.co.kr

윤현상재 02-540-0145
이노메싸 02-3463-7752 www.nordicdesign.kr
일룸 02-3443-1001
짐블랑 070-7803-3798 www.jaimeblanc.com
쥴로 02-3445-1501 www.julo.co.kr
카레클린트 070-7633-8110 www.kaareklint.co.kr
키티버니포니 02-322-0290
        www.kittybunnypony.com
포커시스 02-6299-5772 www.koziol.co.kr
포토 액자 라미나 www.lamina.co.kr
한국가구 02-547-7761
한샘 플래그샵 02-542-8558
하우올린 1566-1150 www.hauolin.com
행복창고 031-797-1120
1200M 1644-1207 www.1200m.com
5층아파트 02-515-9557 www.5apt.net

인테리어 정보 사이트

레몬테라스 http://cafe.naver.com/
　　　　lemonterrace.cafe
디자이너스 길드 www.designersguild.com
홈&가든즈 www.housetohome.co.uk

시공 업체 리스트

가라지 02-6407-7822 www.garage1.co.kr
공간을 만나는 방법 blog.naver.com/secret1519
꾸밈by조희선 02-324-3535 www.ccumim.com
노르딕 브로스 070-8225-0067
　　　　www.nordicbrosdesign.com
달앤스타일 070-8703-4644 www.dallstyle.com
더디자인 070-4079-0455 www.dsgn21.com
더존 인테리어 070-8747-1162
디자인랩 02-2252-9039 blog.naver.com/pinball29
디아키즈 02-511-8406 www.dearchiis.co.kr
로담 A.I 02-3446-5732 www.rodemn.com
리빙 스페이스 070-4319-6510
　　　　www.livingspace.co.kr
멜랑콜리 판타스틱 스페이스 리타
070-8275-1209 www.spacelita.com
바오미다 02-511-4702 www.baomida.com
봄므 02-3448-0093 www.baumehome.com
스타일 by 혜나 blog.naver.com/carmel82
옐로우플라스틱 디자인 070-7709-3542
　　　　www.yellowplastic.co.kr
이도환경디자인 02-593-2532
인풀스페이스 blog.naver.com/infullspace
카민디자인 02-545-2208
　　　　www.carmine-design.com
한성아이디 1577-7727 www.hansungid.com
아르떼인테리어 031-294-1114 www.artedesign.kr
투앤원디자인스페이스 02-547-6606
　　　　www.2n1space.com
파리앤의 인테리어 이야기 blog.daum.net/dwgingcho
하우스테라피 031-702-6788
　　　　www.housetherapy.co.kr
히틀러스플랜잇 02-516-1239
817디자인스페이스 02-712-1733
　　　　www.817designspace.co.kr

100일 만에 완성하는 신혼집 인테리어

글·사진   〈마이웨딩〉 편집부 my wedding

1판 1쇄   펴낸날 2013년 5월 10일
1판 2쇄   펴낸날 2013년 8월 10일

펴낸이   이영혜
펴낸곳   디자인하우스
            서울시 중구 동호로 310 태광빌딩
            우편번호 100-855 중앙우체국 사서함 2532
대표전화   (02) 2275-6151
영업부직통   (02) 2263-6900
팩시밀리   (02) 2275-7884, 7885
홈페이지   www.design.co.kr
등록   1977년 8월 19일, 제2-208호

편집장   김은주
편집팀   장다운, 공혜진
디자인팀   김희정, 김지혜
마케팅팀   도경의
영업부   김용균, 오혜란, 고은영
제작부   이성훈, 민나영, 박상민

기획   〈마이웨딩〉 편집부
글   이덕진, 한혜선, 백승이, 도나형, 박주선, 김혜진, 김성은, 최선아, 한여진
사진   제3스튜디오(장주흡, 류형철, 유창근, 한철우, 김준곤)

교정·교열   박영혜
출력·인쇄   중앙문화인쇄

Copyright ⓒ 2013 by 〈마이웨딩〉

ISBN 978-89-7041-602-1   13590

가격 13,500원